现代大学体育教育的发展研究

杨磊明 著

吉林出版集团股份有限公司
全国百佳图书出版单位

图书在版编目（CIP）数据

现代大学体育教育的发展研究 / 杨磊明著. –– 长春:
吉林出版集团股份有限公司, 2023.5

ISBN 978-7-5731-3595-7

Ⅰ.①现… Ⅱ.①杨… Ⅲ.①体育教学—教学研究—
高等学校 Ⅳ.①G807.4

中国国家版本馆CIP数据核字(2023)第104720号

现代大学体育教育的发展研究

XIANDAI DAXUE TIYU JIAOYU DE FAZHAN YANJIU

著　　者　杨磊明
责任编辑　沈　航
封面设计　王　哲
开　　本　710毫米×1000毫米　1/16
字　　数　190千字
印　　张　12
定　　价　72.00元
版　　次　2024年1月第1版
印　　次　2024年1月第1次印刷
印　　刷　北京厚诚则铭印刷科技有限公司

出　　版　吉林出版集团股份有限公司
发　　行　吉林出版集团股份有限公司
地　　址　吉林省长春市福祉大路5788号
邮　　编　130000
电　　话　0431-81629968
邮　　箱　11915286@qq.com
书　　号　ISBN 978-7-5731-3595-7

作者简介

　　杨磊明，男，汉族，1989 年 7 月出生，羽毛球国家一级裁判员。曾留学日本，在东京学艺大学体育学院学习 2 年，硕士研究生毕业于湖南师范大学体育教育训练学专业，亚当森大学体育运动训练学专业在读博士研究生，主要研究方向为体育教育训练学。现就职于湖南中医药高等专科学校，讲师，从事大学体育相关课程的教学工作。发表学术论文 10 余篇。

前　言

　　新时代大学体育具有不可推卸的时代使命——大学体育是一流大学建设的重要基石之一，是新时代我国大学培养全面发展人才的手段之一，也是世界一流大学的校园文化载体之一。大学体育既是青少年参与学校体育的最终阶段，也是培养竞技体育后备人才的关键环节。

　　基于此，本书以"现代大学体育教育的发展研究"为题进行研究。全书共设置六章：第一章阐述体育的认知及其发展、体育教育的理论阐释、大学体育教育理念与思想的发展；第二章研究大学体育教学内容，包括大学体育教学内容概述、大学体育教学内容资源的挖掘、大学体育教学内容的编排与选择、大学体育教材化与教学内容发展；第三章讨论大学体育教学模式构建与发展，主要分析大学体育教学模式、大学体育教学模式的创新应用、大学体育教学模式的发展与改革；第四章探讨大学体育教学方法，内容包括大学体育教学方法概述、大学体育教学方法的选择、大学体育教学方法的创新应用、大学体育教学方法的发展；第五章探究大学体育教学评价实施与发展，主要包括大学体育教学评价概述、大学体育教学评价规范与落实、大学体育教学评价指标体系构建、大学体育教学评价的发展与改革；第六章研究大学体育教学管理应用与发展，内容包括大学体育教学管理概述、大学体育教学与训练活动管理、大学体育教育经费与师资队伍管理、大学体育教学管理的发展。

　　全书内容通俗易懂，结构层次严谨，条理清晰分明，从体育与体育教育的基本理论入手，拓展到大学体育教学实践，兼具理论与实践价值，可供广大相关工作者参考借鉴。

笔者在撰写本书的过程中，得到了许多专家、学者的帮助和指导，在此表示诚挚的谢意。由于笔者水平有限，加之时间仓促，书中所涉及的内容难免有疏漏之处，希望各位读者多提宝贵意见，以便笔者进一步修改，使之更加完善。

目　录

第一章　体育与体育教育

第一节　体育的认知及其发展

一、体育的认知

（一）体育的特征

文明社会进入到一定发展阶段，出现了现代体育。作为在社会各个阶层和各个领域都得到了普及的艺术形式，现代体育主要表现出以下基本特征：

1. 国际化

作为在国际范围内普遍存在的社会现象，学校体育教育、公众自发性体育活动及体育赛事等从不同的角度完善、发展了现代体育的理论性和实践性，使之得到了不同程度的国际化渗透。

2. 社会化

现代体育的社会化是指由全社会来兴办体育，发挥现代体育的社会功能，使体育成为一项社会活动。现代体育已经不仅仅承担着强身健体的社会职能，还开始逐步地改变人们的生活方式和生活质量。具体来讲，现代体育的社会化主要表现在以下方面：

第一，竞技体育的社会化，即以个人或企业牵头成立的某体育项目俱乐部或以产业系统为核心建立的体育协会等。

第二，大众体育的社会化，即人们开始积极参与体育项目、投资体育活动或增加在体育活动上的消费支出。

第三，学校体育的社会化，即学校体育场馆面向社会大众开放以及学校利用社会体育基础设施开展体育教学等现象。

3. 科学化

现代体育的科学化是指体育管理、体育锻炼、体育训练和体育教学等方面得益于现代科学技术发展呈现出的基本属性，其中，尤以体育运动训练的科学化属性最为突出，从优秀体育人才的选拔到科学训练方案的制定、体育成绩预判以及医务监督等过程都需要在科学技术的支持下完成。同时，体育运动训练和体育赛事对电子计算机、激光和遥测空间技术等的运用，都为现代体育增加了科学化的色彩。

4. 商业化

现代体育的商业化是促使体育运动适应于现代社会的有利因素，主要包括体育活动的投入、出于商业性收益的运动员转让、电视转播权、赛事门票、广告收益、体育活动场所及基础设施有偿使用等内容。

（二）体育的功能

体育的功能是体育对个体和社会所发挥的作用和效能。体育在不同的历史发展阶段具有不同的功能属性，并在历史的发展过程中，逐渐被赋予新的功能，也将对人类及社会产生更多正面的影响。

1. 教育功能

体育的教育功能是通过体育对人的身心的促进与发展来实现教育目的而体现出来的，作为体育最基本的功能体现，对人类社会有着其他社会功能无法超越的影响力。体育运动可以促使人形成良好的生活习惯、养成科学的价值观、建立严谨的逻辑思维、培养健康的生活方式以及正确的情感方式，同时通过社会规范化的体育教育可以推动人的社会化成长，实现人的个性、身体、心理、社会关系等方面的同步发展。

除此之外，体育教育作为学校教育的重要组成部分，和德育、智育具有统一性与连贯性，因此要培养人们终身体育的意识和习惯，以更好地应对现代社会的发展需求。具体来讲，体育活动，尤其是奥林匹克竞技体育，一向崇尚公平、公正、公开，同时，竞技体育作为一项团体活动，要求从事体育运动的人具备一定的责任感、团队意识和合作精神。在这个过程中，人就会培养起自身的爱国主义情怀、集体荣誉感和责任感，同时切身体会并培养自身吃苦耐劳、拼搏向上、自强不息的意志品质，最终实现德育效果。

2. 健身功能

健身功能是体育的基本功能，健身功能的实现依赖于终身体育的坚持，更对发挥体育其他功能有着深远的影响力。具体来讲，其功能主要体现在：健康合理的体育运动可以促进人体骨骼和肌肉的生长发育和血液循环，提高心脏功能；坚持体育锻炼可以促进人体呼吸系统、心脑血管系统、运动系统等发育与完善；体育运动的健身功能还可以促进人的心理健康发展。

3. 经济功能

体育经济主要是以与体育活动有关的基础设施为基础，将体育活动同经济活动紧密联系起来，从而促进国民经济发展的经济类型。身体素质、文化素质、道德素质、心理素质等是构成人的素质的主要方面。其中，身体素质是人的素质的核心，是人类开展社会生产活动和文化活动的基础，而较好的身体素质和坚持体育活动与锻炼分不开，也就是体育活动健身功能的发挥情况与身体素质呈正相关关系。简单来讲，体育活动与体育锻炼能够增强人的身体素质，可以保障人在身强体壮的状态下积极参与社会生产，从而推动社会经济发展。同时，体育发展与经济进步又是一脉相承的关系，体育的发展离不开强有力的经济支持，而经济的发展同样离不开体育的功能发挥，二者相互配合、相辅相成，共同促进了国民经济的发展。

4. 情感功能

体育活动的价值取向之一在于服务人们的休闲娱乐，通过体育的竞技性来调节人际关系。同时，体育赛事的竞技性同样会影响人的心理平衡状态。

5. 娱乐功能

无论从人的生理、心理需求，还是从社会化的发展需要来看，娱乐都是人们精神生活中不可或缺的重要内容。体育本身就是一种带有休闲娱乐属性的活动，既能丰富人们的业余生活，又能陶冶人的情操。在社会经济、社会文化、社会政治及信息技术飞速发展的当下，现代体育也被赋予了新的内涵。根据不同的内涵，它被细分为竞技体育、学校体育和全民健身体育三大类。

（三）体育与健康

1. 体育与身体健康

人的健康受到多种因素影响，其中体育锻炼对健康的影响最大。体育在生理方面对身体健康的影响大致有以下方面：

（1）充分提高人体机能

每天进行适当的体育锻炼，能够增强体质，让人保持活力，对身体健康有极大好处。因此，体育运动需坚持锻炼。长期坚持体育锻炼的人比缺乏锻炼的人的身体健康情况要好很多，尤其是心脏、运动机能，还有循环系统等健康指标相对更加理想。

（2）加快人体新陈代谢

体内细胞受运动因素的影响，会提高对糖的摄取力，同时增加储存肌糖原、肝糖原，因此体育锻炼能帮助人体加速对糖的吸收。人体内的脂肪集聚大量的能量物质，受到氧化作用，会加速分解，并且释放大量能量，等同于两倍的蛋白质或糖。加强体育锻炼，有助于消耗人体内多余的脂肪，形成肌肉，不仅强健身体，还可以让人更有力量。

2. 体育与心理健康

（1）情绪状态的改善

情绪会影响人们生活和工作的状态，是心理情感的外在表现。保持健康的情绪，需要自我调节，还要不断释放压力，而体育锻炼无疑是既简单又有效的方法。人体在剧烈运动的状态下，会大量排汗，给人一种喜悦、愉快的感觉，降低不安和紧张的情绪，让人心情舒畅而平和，因此对人的心理健康有很大的好处。

（2）智力水平的提高

体育活动能够给大脑提供充足的氧气，使大脑更聪明，思维更敏锐，并可增强记忆力和注意力。

二、体育的发展目标与任务

我国大学体育要实现的目标既要依照体育功能、大学生所处的年龄段，还要依照我国教育事业和现代社会的发展需要，其目标是让大学生具备健康体育的意识，提高体育技能，自觉坚持体育锻炼，增强自身体质，使大学生有正确的体育观念、良好的行为习惯和思想品格，全面发展德、智、体、美、劳，为发展社会主义事业打下良好的基础。以下这些可以帮助大学体育更好地实现目标：

第一，增强体质、增进健康是我国大学体育要完成的最重要的任务。这既反映了体育具备的最本质功能，也符合当前我国大学生身心健康发展和社会主义建设的需要。大学生基本都处在最具生命活力的青年期，特别注重身心的健康发展，可以在这一时期督促大学生学习体育，让大学生养成良好的生活习惯，鼓励大学生参加各种各样的文化活动，坚持锻炼身体，保证大学生的身体发育良好，不断增强体质，让锻炼更有效果，增加身体抵抗力，具备快速适应环境和参与各种活动的能力。

第二，坚持锻炼身体，学习体育健康知识并掌握相关技能。为保证大学生具备正确的体育意识，充分了解体育健康知识，激发出大学生参与体育锻炼的热情，保证身体健康，需要大学生不断学习有关体育和健康方面的知识，科学地进行运动锻炼，熟练掌握体育技术，养成坚持锻炼身体的好习惯。

第三，培养良好思想品德、意志，促进学生个性发展。育"体"和育"心"在大学体育中同样重要。体育本身具备的特征为大学体育提供了多种多样的形式，但要在筹备体育竞赛、开展运动训练活动、安排体育课程等过程中时刻关注学生的学习思想和意志。要鼓励学生积极锻炼身体，早日投身于社会主义现代化建设；培养大学生奋发图强、敢于拼搏、吃苦耐劳、团结友爱的优秀品格；鼓励大学生积极养成健康的行为习惯，具备发现美、表达美、热爱美的能力，让大学生实现更高、更好的追求，全面促进大学生的个性发展。

第四，提高运动技术水平，为国家培养体育人才。高校积极推动群众性体育活动的同时，也应着重培养一些具备专项运动才能、体育运动突出的大学生，科学合理地安排训练活动，让大学生充分发挥体能和智能的长处。要始终遵循体育运动规则，为大学生灌输正确的竞技教育知识，展开科学、系统地训练，提高大学生的运动水平。这样不仅可以丰富大学生的课余生活，也有利于开展各类群众体育活动，还可以增加国家竞技运动人才的储备量。

第二节　体育教育的理论阐释

一、体育教育的理论依据

（一）运动技能形成理论

1. 运动技能及其本质分析

运动技能是人在运动中学习、掌握和有效完成专门运动动作的能力。随着运动技能的形成，会促进身体素质的发展，身体素质提高了，就为进一步促进、改善运动技能打下了良好的基础。因此，运动技能和身体素质之间是相互影响、相互促进的。从生理本质来看，运动技能是复杂、连锁、本体感受性的运动条件反射。

参与运动技能形成的中枢，基本包括视、听、皮肤感觉、支配内脏活动、运动等，会对运动技能产生一定影响。由于运动技能是连锁的运动条件反射，因此运动技能基本上都是成套动作，反射活动不是单一，而是成串的，前一个动作的结束，成为后一个动作开始的刺激信号。在运动技能的形成过程中，本体感受器发挥着重要作用。以上系列动作具有一定的连贯性，在运动技能中，本体感受器将信号传递至神经冲动，然后到达运动中枢，最后从运动中枢发放神经冲动传至肌肉，从而保持准确且协调的肌肉收缩和放松功能。

在运动技能形成后，各种感觉刺激会引起大脑皮质有关中枢，有规律、有顺序、有严格时间间隔地交替产生兴奋和抑制，并按一定形式和格局形成一个系统，大脑皮质的这种机能系统称为运动动力定型。运动动力定型建立之后，可使肌肉收缩和放松更有规律、有顺序、有严格时间间隔地进行，因此，形成运动技能实际上也是建立运动动力定型的过程。

2. 运动技能形成的阶段划分

大脑皮层在接收到运动信号时作出的反应过程被称为运动技能的建立过程，也可以理解成暂时性神经联系在大脑皮层的建立过程。运动技能的形成有阶段性，不同的阶段会表现出不同的特征。通常，运动技能的形成主要包括以下阶段：

（1）泛化过程

运动技能形成的初期阶段也被称为泛化阶段，这一阶段，大脑皮质的相应中枢会接收到感受器传输过来的刺激，而呈现出兴奋状态，此时的大脑皮质抑制过程尚未完成，主要以分散状态存在。也正因为如此，完成这一阶段的动作表现出较强的不协调性、完成度不高以及多余动作、错误动作较多的特征。因此，泛化阶段的教学和训练重点在于让学生建立起正确的动作体系，通过多次的示范掌握动作的主要环节，以完成动作的学习，而不是抓细节和完成度。

（2）分化过程

分化阶段是在泛化阶段之后出现的逐步改进的过程，这一阶段的大脑皮质的兴奋和抑制状态处于集中和完善阶段，多余动作和动作的不协调性将会得到很大程度的改善，错误动作的出现概率也会大大降低，基本上可以准确地完成全套动作。分化过程是运动动力定型的起步阶段，很容易受到环境因素影响开始出现新的错误动作和多余动作，甚至是动作的不协调性重新出现。因此，在进入这一阶段教学时，强化动作细节的教学和对细节之处的整体感知十分关键。

（3）巩固过程

巩固过程是大脑皮质的兴奋和抑制过程，相对于分化过程来讲，巩固阶段的体育动作更加娴熟、精准，甚至可以在无意识的状态下完成某些动作，同时这些动作完成的精准度和自发性并不会因环境变化而受到影响，而是使内脏器官的机能活动和肌肉活动得到更深层次的协调和完善。巩固阶段有一个问题需要格外注意，虽然动作已经初步定型，但仍需要坚持练习，增强肌肉记忆，否则，大脑会逐渐丧失对一些体育动作的记忆，尤其对难度相对较大的动作，大脑遗忘的速度会更快。

（4）自动化过程

进入自动化阶段，练习者已经初步在大脑中建立起动作巩固的动力定型，神经过程的兴奋与抑制更加集中与精确，因此可以在大脑皮质的干预下，熟练地完成体育动作。

（二）运动负荷有效价值阈理论

人体在运动过程中受到的一定生理刺激，称为运动负荷，通常由负荷强度和负荷量两个方面构成。其划分的意义是：通过这种划分，有助于对运动负荷的认识及研究，尤其便于安排及调节，事实上，负荷量和负荷强度互为条件，即只有一定强度的量及一定量的强度才具有一定意义；两者关系呈现明显的负相关，即负荷强度提升，负荷量减少，反之亦然。

另外，有机体难以承受大负荷强度及大负荷量的运动，而太过小的负荷强度及负荷量的练习难以达到预期的运动效果。

二、体育教育环境及其优化

环境会对社会和个体的发展产生重要影响，环境包括自然环境、社会环境等，不同的环境对人的影响各不相同，教育环境作为环境的一种，是顺利开展教育活动的重要因素，是由多种不同要素构成的复杂系统。每个学科的教学环境都与其学科特点有着密切关联。体育教育环境作为教学环境之一，是一种较为特殊的人类生存环境，对人类身心健康的发展具有一定影响。在良好的体育教育环境中，教师能够更好地开展体育教育活动，学生也能够利用体育环境的优势，提高体育学习能力。体育教育环境是一种活动空间领域，具有复杂性和多样性，需要充分考虑各种客观条件。

体育学科与其他学科不同，上课的场所便是其中之一。体育教育活动的场所一般在室外，也有少数在室内，需要学生积极参与实践活动。对于体育学科而言，各种相应的教育硬件设施也是体育教育活动的必备条件。除此之外，体育教育还需要一定的学习氛围，需要有良好的师生关系、班风和校风等要素。因此，体育教育环境主要包括物质层面和人文层面。对于前者，体育教育需要一定场所帮助学生开展体育活动，进行身体锻炼，还需要相应的体育设备器械；对于后者，主要针对人文方面的要素，教师需要积极营造良好的体育教育氛围，激发和调动学生的积极性和主动性，使学生能够自觉参与体育教育活动，教师则要科学合理地安排教学内容和时间。

综上所述，体育教育环境是影响体育教育活动范围和效果的各种环境因素的总称。

（一）体育教育环境的特性

体育教育环境在体育教育活动中具有重要意义，是体育教育活动必不可少的基础。与其他学科教学活动相比，体育教育环境对教学活动产生的影响更直接、更明显、更复杂。体育教育环境是师生教学活动的舞台，若缺失，则师生的教与学会失去依托，失去基本立足点。

从表面上看，体育教育环境是影响体育教育活动的外部因素，实际上却以特有的影响力，维持、干预着体育教育活动进程，而且系统地影响着体育教育活动的效果。体育教育环境之所以在体育教育活动中发挥着巨大作用，主要是由其特性决定的。

1. 复杂性

体育教育环境有别于其他学科的教学环境，影响体育教育环境的要素更多、更为复杂，主要是由于体育教育绝大多数是在室外更为开阔的空间里进行。空间的开放性决定了教学环境的复杂性。体育教育不仅受到各种硬件条件的影响，还受到地理条件、气候条件、师生关系、校园体育文化氛围等因素影响，这体现了体育教育环境的复杂性。

2. 动态性

体育教育环境是按照一定教学目标和需要，专门设计和组织起来的一种多维度、开放式、全天候的动态变化环境，这一特殊因素是经过一定的论证、选择、提炼和加工后产生的。因而，体育教育环境比其他学科的教学环境更易集中、相一致，且系统地发挥作用，对体育教育起着重要影响。

3. 可控性

体育教育环境能够随时随地被调控。在体育教育活动中，教师可依照不同的教学环境和教学活动需求及时调控教学环境，避免出现消极因素，让更多积极因素促进学生身心健康发展，使体育教育环境为教学活动带来更多推动力。

（二）体育教育环境的类型

体育教育环境是一个复杂的系统，系统内部各种因素相互制约、影响，都会在体育教育过程中产生相应影响。因此，只有正确划分体育教育环境系统，才能更好地探索体育教育系统，合理地优化并影响着体育教育的环境因素，以实现其可持续发展。体育教育环境的分类，可依照不同的分类标准进行。

1. 内环境与外环境

根据对体育教育影响方式的不同，体育教育环境可分为内环境和外环境。

内环境是对体育教育主体产生直接作用的环境因素，如教学内容（教材）、教师与学生、场地器材等，这些因素都是制约体育教育发展的内在因素。

外环境是对体育教育主体产生间接影响的各种因素，这些因素是体育教育发展的外部条件。外环境涉及的范围较广泛，如地理自然条件、天气气候、社会体育氛围等。外环境与内环境相互影响作用。

2. 宏观、中观与微观环境

按照体育教育空间范围大小，体育教育环境可分为宏观、中观和微观。

宏观体育教育环境是指在体育教育活动过程中，主、客体所处范围空间对体育教育活动产生影响的环境因素。这里所说的体育教育活动范围空间，可以是整个国家、省、地区或学校教育所在地等。一般情况下，宏观体育教育环境多指全国的体育教育环境或整个社会体育教育环境。

中观体育教育环境是指在体育教育运作过程中，主、客体所处范围相对较大的空间内对体育教育产生影响的各种环境因素。中观体育教育环境较宏观教学环境的空间范围小，但比微观体育教育环境的空间分布大。一般情况下，中观体育教育环境多指某个教学单位内的体育教育环境。

微观体育教育环境是指体育教育过程中，主、客体所处范围相对较小的空间内，对体育教育产生影响的各种因素的总和。微观体育教育环境是相对于宏观、中观体育教育环境而言的。这里的微观体育教育环境多指班级课堂的体育教育环境。

3. 显性环境与隐性环境

按照体育教育环境的表现方式，体育教育环境可以分为显性与隐性两种。

显性体育教育环境主要是以物质形态呈现的环境要素，指看得见、摸得着的，在体育教育过程中出现的场地、器材、设备、运动项目，自然和社会中用于教学的实物等。

隐性体育环境主要指精神和意识层面、看不见也摸不着的环境。虽然隐性体育环境隐含在体育教育过程中，但是对体育教育产生了重要的影响，甚至直接影响体育教育效果。如师生之间的关系、班级学习氛围、校园体育文化气氛等，都会对体育教育产生潜移默化的影响。

4. 自然环境与社会环境

按存在形态，可以将体育教育环境分为自然环境与社会环境。

体育教育自然环境指与教学主体相互联系、相互制约、相互作用的一切自然条件，如高山、河流、草地、树木、阳光、空气等。这里所说的自然环境，并不是广阔无垠的自然界，而是指与体育教育产生相关性的自然环境，如阳光、空气等对体育教育的内容、范围和效果产生的直接影响。

社会环境指与体育教育主体相互联系、相互制约、相互作用的一切社会条件、社会现象、经济条件和人文条件。例如，体育教育过程中需要遵循的政策法规以及对体育教育过程产生影响的社会体育氛围等。

5. 硬环境与软环境

按照性质分，可将体育教育环境分为硬环境与软环境。

硬环境又称物质环境，指对体育教育过程发展产生影响的物质要素的综合。硬环境包括三大要素：体育实物性要素，如体育场馆、体育设施、体育器材等；体育组织性要素，如班级、俱乐部、兴趣小组、体育社团等；体育可物化要素，如体育教育经费等。

软环境指对体育教育过程发展产生影响的精神要素的综合。软环境包括人文环境、制度环境、政策环境等，同样包括三大要素：制度文化要素，如体育教育要遵循的基本文件（以前的教学大纲，现在的新课标）；思想观念要素，如教师的专业素养、学生对体育的价值认识等；心理要素，如师生关系、人际交往方式等。

综上所述，根据分类标准的不同，可以将体育教育环境分为不同种类。在这些分类中，种类与种类间并没有明显界限，某一种分类内容可能包含另一种分类内容，这些内容对体育教育环境的分类、整理，对促使体育教育科学化、系统化具有重要意义。

（三）体育教育环境的管理

体育教育环境绝大多数是人工环境，涉及人工环境必然会牵涉到人工投入与产出之间的问题。如何达到投入与产出最优化，则需要加强体育教育环境的管理。

1. 管理与体育教育环境管理的含义

管理指在一定环境和背景下，对组织拥有的所有资源进行合理的计划、组织、领导和控制的活动，是一种有价值的工具，主要针对个体或组织进行的工作。在管理活动中，管理者是活动过程的指挥者和引导者，主要是激发和释放人们的潜能，进而创造最大的价值。管理的任务是设计和维持一种环境，让人们能够在一定环境中用尽可能少的投入获得最大的效用，实现目标。

（1）管理是一种有针对性的活动

管理活动的开展主要是为了实现既定目标，管理的整个过程都是为了实现目标而进行。因此，管理有一定目的性，根本上是为了实现组织的目标。管理活动是一种有意识和目的性的活动，参与管理过程的所有人员采取的行为都是管理活动的一部分。

作为一种有组织的活动，管理活动与组织有着密切关系，是组织发展的关键，也是组织开展活动必不可少的要素。管理活动具有明确的目的性和普遍性，也反映出一定阶级性和时代性。为了实现某一个特定目标，管理者会有意识地开展活动。在管理过程中，不同的管理环节之间相辅相成，都是为了实现管理目标。因此，管理是有目的的过程。

（2）管理活动必须有人的参与

管理者是管理活动的指挥者和领导者，而管理对象是管理活动的承受者。在管理过程中，管理对象包括人、物、资金、信息、时间、关系等各方面资源，管理者通过合理规划和使用各类资源，开展管理活动，以实现管理目标。然而，管理资源并不是现成的，很多资源需要管理者开发，按照一定程序，通过运用各种管理职能，发挥各项职能作用，积极开发和利用组织所能利用的各种资源，无论是物化资源还是非物化资源。为了发挥各种管理资源的最大效用，管理者必须采取正确措施，通过科学有效的管理，才能在发挥管理职能作用的基础上，更好地完成管理任务，实现组织的目标。

（3）管理活动是组织的必要条件

管理活动的开展需要一定的管理环境，它也是组织生存和发展的重要基础，主要包括外部环境和内部环境。管理环境是否良好，能够影响组织绩效，任何组织都需要在一定环境中从事活动，管理环境的特点对管理活动的内容和开展有着重要影响，管理的内容、方式、结构等都需要根据管理环境进行一定调整。

管理环境是组织之外客观存在的各种影响因素的总和，不以组织的意志为转移，是组织管理活动的重要影响因素，不同的管理环境会对组织产生不同影响。在社会环境中，组织面临许多发展情境，组织活动的开展必须以客观的社会环境为基础。社会环境能够促进组织的发展，也能够在一定程度上对组织的发展起制约作用。因此，管理活动的开展必须研究、分析管理环境，要适应环境的发展变化，掌握发展规律。此外，管理活动的内容也是重要部分，主要是通过计划、组织等各项管理职能开展管理活动的动态过程。

根据管理的含义，体育教育环境管理是指教学单位为最大限度地发挥体育教育环境效应，充分挖掘体育教育环境潜能，实现体育教育目标，而对体育教育环境进行计划、组织、指挥、控制、协调等一系列活动的总称。

2. 体育教育环境管理的特征

体育教育环境管理具有以下特征：

（1）体育教育环境管理的双重性

体育教育环境管理的双重性指体育教育环境管理的自然属性和社会属性。双重性是从一般管理的特点引申而来。体育教育环境管理的自然属性指具有严格的科学性，要求体育教育环境管理过程中必须严格遵循体育教育环境作用的客观规律。鉴于体育教育管理客体的多质性，还必须借鉴其他学科的管理理论、方法与经验。

体育教育环境管理的社会属性，首先指与社会制度、社会经济、社会文化科学技术等方面紧密联系，具有一定社会属性，其次，体育教育是一种特殊的人类教学活动，这种教学活动的存在与发展，和社会发展紧密相连。

（2）体育教育环境管理的多质性

体育教育环境管理的多质性是指管理对象的多质性。这是因为：首先，构成体育教育环境的因素有很多，而这些因素的性质各不相同；其次，体育教育环境管理属于多层异质管理，体育教育环境管理的主体和客体都不是唯一的，体育教育环境管理的主、客体之间的关系和管理的任务及方法各不相同。

（3）体育教育环境管理的综合性

体育教育环境本身包含了多种要素，因此体育教育环境管理是一个包含多种管理要素，各要素之间相互制约的多结构、多层次的复杂过程。体育教育环境管理的综合性决定体育教育环境管理在理论形态上，既属于体育教育论，也属于管理学范畴。现代兴起的控制论、信息论、系统论等观点，对体育教育环境管理具有重要的指导意义。

3. 体育教育环境管理的主要职能

一般来说，体育教育环境管理的职能具体有计划、组织、指挥、控制与协调。

（1）计划职能

计划指工作或行动前预先拟定的具体内容和步骤。计划职能是通过周密的调查研究预测未来，确立目标和方针，制定和选择行动方案，作出决策。计划内容反映出管理目标的各项指标，又规定着实现目标的方法、手段和途径。计划的主体是人，是人完成任务、进行各项活动的依据。

在体育教育中如何实现体育教育环境管理的计划职能，主要表现在三个方面：其一，教师根据教学单位、职能部门的相关政策、法规及整体发展步骤，确立一个切行合理的目标，然后根据目标相互协调、配合，将近期目标与长期目标结合起来；其二，根据系统目标，处理整体发展与局部改造之间的关系，在整体上实现横向与纵向统筹兼顾；其三，教师根据教学目标的具体要求，预先合理利用环境为体育教育所用，并且做到对体育教育环境的管理与利用切实可行。

（2）组织职能

组织职能是把管理要素按教学目标的要求结合成一个整体，使之为体育教育服务。实现体育教育环境管理中的组织职能，依赖于两个方面：其一，在宏观上，根据管理目标，合理设置机构，建立管理体制，确定各个管理职能的具体职责，合理选择和配备管理人员，建立系统、有效的管理；其二，在体育教育目标统领下，根据每个时期体育教育目标的要求，合理组织人力、物力、财力，保证整个体育教育环境为体育教育服务，以获得最佳的体育教育效果。

（3）指挥职能

指挥指的是法令调度。指挥职能是运用体育教育环境功能，按照教学目标要求，把各方面的任务统领起来，形成体育教育的有效整体。体育教育环境是根据教学目标设置运用的各种因素的结合。这种结合不是随意地结合，也不是杂乱无章地结合，而是根据教学目标进行设置，也就是要为教学目标服务。反之，对体育教育有指挥、调控的职能。体育教育不能脱离体育教育环境，而是应该根据体育教育环境，为体育教育目标服务。

（4）控制职能

体育教育环境管理中的控制职能，指监督和检查体育教育情况，及时发现问题，采取干预措施，纠正偏差，以保证顺利实现体育教育目标。体育教育目标依赖于体育教育环境，而体育实现教育目标的环境在整个体育教育环境中是有限的，一旦超出体育教育环境，体育教育目标将扩大、延伸，这种扩大、延伸的体育教育目标与预先制定的体育教育目标相悖。因此，需要根据体育教育环境的本身功能，为体育教育目标服务。一旦发现问题，要及时采取有效措施进行纠正。

（5）协调职能

体育教育环境管理还具有协调职能，是体育教育环境管理过程中带有综合性和整体性的一种职能，目的在于保持体育教育环境本身所具备的功能与优势，以确保完成体育教育目标。体育教育环境的管理是一个系统的工程，其中涉及许多相关职能部门，只有各部门相互协调好各种关系，才能创造出合理、优化的体育教育环境。

体育教育环境管理中的协调职能还指在具体的体育教育目标实现中，体育教育环境是实现体育教育目标的依托，是体育教育目标实现不可或缺的因素。在实现体育教育目标的过程中，体育教育环境管理是协同教学、协调学生共同完成具体的体育教育目标。

（四）体育教育环境的设计原则

体育教育的空间和取得的效果，都会受到体育教育环境的影响。因此，在体育教育论中，如何让体育教育环境因素帮助体育实现教学是一个值得研究的课题。体育教育环境的设计是营造良好学习氛围的重要基础，教学环境不仅要结合体育学科的特点进行科学设计，也要考虑学生的心理和个性因素。因此，教学环境设计的原则主要有以下方面：

1. 教育化原则

教学环境的设计是为了给学生提供良好的学习环境，提高教学质量，因此教学环境设计必须遵循教育化原则。学校是教学的主要场所，也是教学环境设计的对象，教学环境是有限的，因此，在设计教学环境过程中，要合理规划，合理地利用学校的每个角落，使其成为教育场所，让学生在学校的各个角落都能够感受到学习氛围。同时，教学环境能够在潜移默化中发挥一定教育功能，也会影响课堂的教学气氛。因此，良好的教学环境会激发学生的学习热情。

2. 自然化原则

教学环境除了需要考虑教学功能以外，还要考虑学生的心理活动和个性特征。在当代，学生对大自然的了解，大部分局限于书本知识，为了让学生贴近大自然，教学环境在设计时可以融入自然景观元素，让学生能够在学习之余感受大自然，学会爱护大自然，也有利于学生的身体和心理健康。

3. 人性化原则

教学环境设计的目的是让学生有一个良好的学习环境，因此需要从学生的角度考虑，遵循人性化原则，满足学生要求，打造让学生感到舒适的教学环境。

4. 社区化原则

校园是一个大的集体，是学生学习和生活的主要场所，是社区系统的重要部分，因此学校与社区环境密切相关，社区的发展也会对教学环境产生一定影响。学校教育与社区环境的脱离，不利于双方发展，学校教学设施不能孤立于周围的社区环境，学校服务的对象也不仅是在校学生，而应该是社区中的所有公民。因此，学校与社区要相互配合，共享资源，学校为社区提供一定服务,教学环境的设计需要考虑当地的社区环境,而社区需要为学生提供相应的帮助,社区环境的营造也需要考虑教育功能。因此,学校与社区之间应加强联系与互动,共同发展。

5. 整体化与协调化原则

教学环境对教学效果有重要影响。不同的教学环境对学生学习的积极性有不同影响,设计教学环境需要充分考虑教学活动所涉及的各个方面,对此需要遵循整体化和协调化原则,要有全局性的观念。在教学环境设计中,学校和教师是决策的主体,学校领导和教师要从教学的各个方面分析和规划,考虑各种影响因素,使各个因素能够相互协调,共同构成良好的教学环境。

影响教学环境设计的因素有人为的,也有非人为的;有的是无形的,有的是有形的;有主观,也有客观。为了科学合理地设计教学环境,学校的领导和教师需要做到全面调控,从学生的生活、学习等方面分析,如学生与学生、教师与学生之间的人际关系,学习环境,教室构造,班风和校风等,在教学环境设计过程中整体考虑这些因素,并进行合理设计,只有当这些因素协调一致时,教学环境才能发挥积极作用。

(五)体育教育环境的优化

1. 自然环境的优化

(1)自然环境对体育教育产生的影响

空气、阳光、高山、海洋、树木、花朵、雨雪等都属于自然环境,体育教育活动会受到这些因素的影响。因此,室内体育教育要保证空气流通。如果运动所处的环境炎热且空气流通不畅,则会出现疲劳感加重、心率加快、呼吸加快和耐力差等现象,导致学生失去学习兴趣,将对体育教育产生负面影响。

(2)改善自然环境

通常情况下,自然环境会由于所处的不同地区而产生差异性,学校所处的自然环境不同,优势和特点也不相同,学校可将这些优势作用发挥到最大,以弥补和减少自然环境中的缺陷,从而改变体育教育环境。例如,北方冬季冰雪较大,体育教育可以选择冰上或雪上运动;山区学校没有较大的平地面积,可以选择越野或登山运动;学校靠近海边或湖边,体育运动可以增加水上项目。

要致力于改善体育教育的自然环境,增加室内场馆和风雨操场,减少体育教育在高温和风雨下产生的影响。同时,还要注意保护体育场地所处的环境,尽可能多地栽种树木和铺设草地，绿色植物在改善体育场地空气质量、吸收有害物质的同时，还可以遮挡住炙热的阳光，在一定程度上减少噪声污染。当教师和学生处在这样的自然环境中时，会心生愉悦，感到心旷神怡。

体育教育所选的内容和方法并非一成不变，教师可依照不同的自然环境灵活挑选。例如，在寒冷的冬季，教师可相应降低运动难度，灵活选择运动方式。对此，要始终坚持以学生为中心，不追求在极致环境中进行体育锻炼，让学生从心里爱上体育锻炼，并始终在学习过程中保持愉悦的心情。

2. 场地设施环境的优化

体育教育活动要依靠相关的设施才能更好地开展，体育教育环境包含体育教育设施因素，教师、体育场馆、运动器材和操场等都属于体育教育设施，这些设施在一定程度上影响体育教育，而体育教育环境也必须包括体育教育设施。体育教育活动选择的内容和达到的水平都会受到教学设施的影响，教师和学生也会对教学设施的外观和特征产生不同感觉。例如，体育场馆的灯光、造型、颜色和布置等，都会在一定程度上影响教学的质量和成果。

（1）合理布置体育场地和器材

体育教育设施的合理配置既会促进学生身体和心理的发展，也有利于教学，会对体育教育产生推动作用，让学生从生理和心理上易于接受，从而提高学生锻炼的兴趣，增强体质，让学生逐渐向终身体育锻炼靠拢。例如，场地器材的陈设是学生在体育课上最先看到的，如果场地整洁干净、设备齐全、环境优美有序、场地线条清楚不杂乱，会让学生迫不及待地尝试运动器材，提升学生学习的积极性；如果场地杂乱无章、各种设施不够整洁，会让学生从心理上产生抗拒，失去锻炼的兴趣。除此之外，体育器材在长时间使用后会有不同程度的老化或磨损，还会有螺丝松动等情况出现，这些都是潜在的安全隐患。还有些运动场地不注意维护，出现地面不平整的现象，学生在运动过程中很容易出现肌肉、韧带拉伤等情况。因此，学校要优化和完善场地与器材，定期检查和保养设备，教师也应在课前认真检查相关的体育器材，做到有备无患，保证学生的安全。

（2）充分完善体育场地设施环境的照明、采光及声音等条件

不仅要充分完善场地条件，还要考虑到采光、照明和声音等场地设施条件。室内场馆在很多时候是体育课的主场地，理论课程基本都选择在室内。因此，体育教育活动也会受到教室内部和场馆内部采光等因素影响。如果光线

昏暗，学生就可能无法看清黑板上的板书和书上的文字，会直接影响知识的学习，也会对排球、乒乓球等球类运动的路线识别不清。如果光线过于强烈，球台可能会产生反光现象，使学生在视觉上产生强烈刺激，无法达到应有的教学效果。

此外，安静的环境更有利于展开体育教育活动。特别要注意需防止噪声带来的干扰，噪声环境会导致教学效果大打折扣，学生在充满噪声的环境中也会无法集中注意力，产生疲劳，失去稳定的情绪。体育课在大多数情况下都是室外课，噪声并不能完全被隔离，对此学校应该尽可能将体育教育环境变得更好，使教学尽可能不受噪声干扰。

（3）创设体育场地设施的色调环境

在体育教育活动中，周围环境的色调也会带来影响。通常情况下，心理和情感会受到各种色彩影响，大脑看见红色和深黄色时容易感到兴奋，看见浅绿色和浅蓝色时感到和谐，可以放松大脑。相比于冷色，暖色在体育教育活动中更容易让运动者感到兴奋。例如，双杠运动，掉漆或本色的双杠明显没有浅色漆或木纹漆的双杠受欢迎。体育设施的颜色与学生衣服的颜色，也会在一定程度上影响教学效果。

3. 人文环境的优化

在体育教育中，人文环境的构成包括体育教育过程中人的方方面面。下面着重讨论体育教育人文环境的两个方面：一是体育教育组织环境，二是体育教育心理环境。

（1）体育教育组织环境

首先，组织环境的构成。此处的组织环境指教风、校风、学风、班风等，对体育教育活动有着重要的指导意义。具体来说，是将学校看作一个完整的社会组织群体，学校内部的系部和班级是次级群体，学校由不同的组织构成，任何群体都可以将自己独特的心理活动和思想面貌展现在活动中。构成体育组织环境的要素之一是班级规模，不仅会对学生的体育情感和学习动机产生影响，也会对学生的学业成绩和体育教育活动产生影响。

校风是一种有代表性的思想行为作风，全校师生都需要熟知并牢记，它起到的激励作用是内在、隐性的。校风是学校内部产生的一种社会风气，属于集体行为。校风属于环境因素，但不是有形的，可以在不知不觉间对体育教育活动产生一定影响。

成员在班级内部经过长时间交往所产生的相同心理倾向就是班风。班风是情感的共鸣，在形成后，学生会以班级目标为己任，将自己的目标与班级目标统一，并为之努力。校风是班风的基础，勤奋刻苦、热爱劳动、热爱班级、尊师爱友、遵守纪律、团结同学和讲究卫生等都是良好的班风。

学校的体育教风既可以影响学生的体育能力，也可以影响学生的体育意识。感化、陶冶、促进、暗示和启发等育人机制，可以让教风在不知不觉中促进学生体育意识的形成和能力的进步。

集体舆论可在积极乐观的学风下，向更好的方面发展，学生的情感、行为和认识也会受到鼓励、陶冶和感染，但集体中的成员会在不健康的风气下精神散漫，失去对体育学习的积极性，导致教学失去应有效果，对课后锻炼产生懒惰心理，不会主动参与学校组织的任何活动。

其次，体育组织环境的创设。灵活编排组合队形模式。在课堂活动中，教师和学生会受到队列编排的影响。以信息交流为例，在体育教育中，队形的编排不仅会对信息交流的范围产生影响，也会对交流的方式产生影响。室外课，体育基本采用横排队形，教师直接面对学生，此种单向信息传递模式有利于教师将信息传递给学生。双向信息传递模式是单向信息传递模式的进阶版，虽然让信息在师生之间得到良好传递，但是让信息在学生和学生之间的交流受到阻碍，不利于学生交往。

若学校内的整体气氛是温暖、积极、文明、向上的，则有利于学生成长，让学生养成积极向上、勤勉好学的习惯，这样的校风无论是对学生的成绩，还是对其性格塑造，都有积极意义。良好的体育校风除了促进师生勤勉外，还有助于改变师生思想意识，使学生养成自主锻炼的体育意识，并形成良好的体育习惯。

（2）体育教育心理环境

高校体育教育是否成功，除了体育教师的资历、学生自身的身体素质等客观因素外，心理环境也是影响教学成功的一大因素。

首先，高校体育文化。文化最初起源于社会文明的发展和人类经济水平的提升，是民族文明的象征。校园体育文化也是如此。文化冲击是把双刃剑，学生受到负面文化的侵蚀后，会出现消极颓废、无所事事、散漫懒惰的思想情绪。高校的高层管理人员和体育教师必须做好模范带头作用，为学生树立正确的思想意识，并引导、启发学生，摒弃不良思想，学习先进的思想文化。校园体育文化是一个大融合的开放系统，同时接受校园文化和社会文化。学校在体育教育中，应向学生灌输正确的体育思想意识，扩展学生的体育视野，为良好的体育文化氛围奠定基础。

其次，课堂气氛。体育课堂气氛又称为心理气氛，主要是学生在课堂上的情绪反馈。课堂气氛由师生之间互动产生，包括很多因素，如人为因素（师生关系）、物理因素（课堂环境）、心理因素（学生上课的情绪波动）等，课堂气氛是以上诸多因素共同作用的结果。因此，要营造一个良好的课堂气氛，需要教师和学生共同努力。高校体育教育中，教师是主导因素，把控学生的学习进度和知识获取量，对带动课堂气氛至关重要。教师在课堂教学中，第一，要为学生营造一种良好的学习氛围，积极调动学生的主观能动性，站在学生的角度思考问题，鼓励学生提出异议，针对学生的反馈情况，及时调整教学计划。课堂中自由讨论环节，要充分尊重学生，重视学生集体讨论的结果，为学生营造一种良好的教学氛围。第二，体育教育是一种灵活的课程教学活动，教师在课堂上多活跃，学生就会回馈以多大的热情。第三，体育教师要有稳定的情绪，这是营造课堂气氛的重要前提。保加利亚心理学家洛扎诺夫认为，学生会因为教师自身的威信而信任、崇拜、尊敬教师，一旦从心里接受，学生会不自觉地簇拥教师，上课时也会更加积极主动。

最后，人际关系。高校体育教育中的人际关系，除了师生关系之外，还有教师与教师、学生与学生之间的人际关系。错综复杂的人际关系交织在一起，构成体育教育的人际环境。人际环境的存在不仅对学生产生情绪波动，也会给教师造成影响，进而影响体育教育的整体成果。因此，体育教育中，要处理好不同的人际关系，如此才能塑造良好的课堂氛围，保障教学质量。

三、体育教育中的角色定位

（一）体育教育中的学生

1. 学生生长发育特征

（1）波浪形特征

人体青春期各阶段的发育速度不均衡，有快有慢，具有明显的波浪形特征。因此，人体不同器官系统的发育顺序和速度也不同。一般情况下，人的神经系统最先发育，然后是淋巴系统，这两个系统的发育速度呈现出由快到慢的趋势。按照发育顺序依次为运动、呼吸、心血管、泌尿、消化、生殖几大系统，这些系统的发育速度则呈现出由慢到快的趋势。

综上所述，人体青春期的身体发育具有显著的阶段性、连续性、波浪形、程序性等特征，而人的身体发育状况与各项身体素质的发展直接相关，对其具有关键性的决定作用。身体素质的发展顺序和速度也符合上述特征，呈现出有快有慢、有早有晚的趋势。

人的身体素质随着身体的生长发育而不断增长，增长速度也各有不同。按照达到顶峰及平稳发展期的时间对所有素质进行排序，依次是速度、灵敏、柔韧、耐力、力量、速度耐力、力量耐力。身体素质按照上述顺序增长，与人的身体发育速度息息相关。众多素质中速度和灵敏的增长速度最快，最早进入稳定发展期，这主要是由神经系统的发育决定的。人体进入青春期后，神经系统的发育速度最快，所以速度和灵敏自然也就增长得最快，最早达到峰值。

决定人体力量是否强劲的关键要素是肌肉细胞是否足够粗壮、肌肉的生理横切面积是否够大。人体生长发育的程序性特征表明，人体各组织长度的发育往往比围度、宽度的发育更快，且更早达到高峰期和平稳期，也就是说，人的身高发育比体重发育早。人体进入青春期后，其身体各组织的长度（骨骼、身高等）优先快速生长，此时肌肉细胞细长、横切面积小，力量素质自然会较差；当身体长度的生长速度达到高峰并开始减缓以后，各组织的围度和宽度开始进入快速生长期，肌肉细胞开始变得粗壮，横切面积不断增大，进而变得越来越有力量。由此可见，力量素质的发展是一个漫长的过程。

速度耐力与力量耐力的增长，必须以无氧代谢能力的增强及力量素质的增长为前提。人体进入青春期后，虽然身体各方面的机能都在飞速发育，新陈代谢旺盛、生物氧化迅速、氧气需求量大，但是血液中的血红蛋白与肌肉中的肌红蛋白的数量都比较小，心肺功能发育还不完善，无氧代谢能力相对较弱。因此，速度及力量方面的耐力较差、增长速度较为缓慢，在所有身体素质中发展速度最慢。

（2）不均衡性特征

人体青春期阶段，各身体组织的生长发育速度具有顺序性和波浪形特征，也就是说尽管人体的所有组织部位都在发育，但发育速度有快有慢，进入稳定期的时间有前有后。这种生长发育的程序性特征具有如下规律：

首先，头尾规律。在人体发育的两个高峰期中，第一个高峰期是1岁之前，由头大、躯干长、四肢短小的新生儿快速生长为各身体组织发育平衡的孩童，这一阶段人体身高和体重取得飞速增长。第二个高峰期是青春期，这时身体各组织的长度（身高）快速生长，但头部发育非常缓慢。通常，人体发育成熟后头部占整个身体比例的 12.5%，躯干短，下肢长。综合人体的全部发育过程可以发现，人体各组织的生长程度从少到多依次为头部—躯干—上肢—下肢。

其次，向心规律。通常情况下，人类 7 岁后的身体发育基本都会按照从肢体远端到近端（双脚—小腿—大腿—手部—胳膊—躯干）的向心规律顺序进行生长。

最后，高重规律。人体的生长发育具有程序性，各组织长度的发育通常会比围度和宽度发育得更早，也就是说，骨骼的成长先于肌肉，人在成长过程中往往先增长身高，再增加体重，这也就是为什么很多青春期的孩子看起来瘦瘦高高，像缺乏营养一样。

（3）统一性特征

人类身体和心理各方面的发育具有不均衡性，但都遵循由量变到质变的转化规律。生理机能水平的高低很大程度上取决于身体结构的发育，而人体各项素质的高低在运动能力的层面上则直接表现为身体结构及生理机能的发展水平。人体生理机能和各项素质的增长一定会伴随着心理层面的发展。这些要素之间协调统一、互促互进，具体表现如下：

首先，身体结构、素质及生理机能三者之间的增长速度紧密相连。身体结构、生理机能的生长速度加快，则各项素质的增长速度随之加快，反之亦然；当两者进入稳定期后，身体素质也同样进入稳定期。进入青春期后，人体各项素质飞速增长，特别是女性，增速惊人，12 岁左右各项素质就已经基本发育成熟。过了青春期，人体素质的增长速度会随着身体各项机能生长速度的减缓而减缓，当身体停止发育时，各项素质的增长也随之停止，保持长期平稳状态。

其次，身体素质与身体结构之间的发展存在某种内在关系。将人体生长发育两个高峰期中的身高、体重、胸围等关键身体结构要素与人体各项素质的发展比例放在一起，通过详细对比分析能够明确得出：第一高峰期中组织长度（身高）的增长速度要比第二高峰期的增长速度快。

2. 青少年体质现况

随着我国改革开放的不断深入，经济越来越发展，人民生活水平不断得到提高，青少年生长发育加速，青春期提前来到，青少年体质可以概括为以下方面：

（1）青少年身体素质

在当今我国青少年的身高、体重、胸围加速增长的同时，一些青少年的体质却在下降。如果学生的身体素质和机能出现了下降，那么他们一生的健康就会受到影响，甚至会引发心理健康问题。

（2）青少年身体形态

大量青少年变成肥胖人群，说明人们并没有进行合适的社会行为。另外，肥胖除了给人带来健康问题之外，还极大地浪费了社会资源。生活方式和思想观念在社会发展到一定阶段后一定需要受到重视和改变。肥胖会给人的身体造成负荷，从而产生疾病，同时也不利于心理的发展，可能会造成人以后生活中的经济损失和健康隐患。

因此，面对我国青少年体质下降的现状，需要增强青少年体质，促进青少年健康成长。进一步加强青少年体育教育、增强青少年体质，这对于培养中国特色社会主义事业的合格建设者和接班人，具有重要意义。

要健全学校的体育教育机制，使学生有时间和机会参与体育活动。学校可以举办体育竞赛或活动，加强建设学校的体育师资队伍，建设青少年体育网络，使家庭、社区和学校三者都能够参与进来；对学生进行体育教育，使其对体育运动充满热爱，在学习生活中也能对体育活动有所重视。

（二）体育教育中的教师

1. 体育教师的角色变化

体育教师的角色特征随着社会的变化呈现出累积性的发展，有着外延缩小而内涵扩大的演变规律。教师在原始社会是长者角色，经过工业社会的知识传递者角色，到了信息社会，教师成为促进文化知识传播的传播者。社会在长时间的历史进程对教师给予了过高的期盼，促使体育教师有了自身的角色意识，如过度注重自身的工作担当、自身行为和态度、教师的角色定位等，使得体育教师在学校中以此为基础来开展工作，对自身的行为和思想进行过多约束。这是不应该的，必须改革。

当前，国内外课程改革受到了建构主义教学理论的很大影响。在这一理论中，人并不是被动地接受知识，而是结合自己的经验进行建构。对于学生，教师应当促使其建构自己的知识体系，而不是单纯地复制知识；教师的教学应当让学生以塑造新的知识信息为目的，使学生能够主动创造；教师应当在互相矛盾的事物中进行角色表现，从而让学生产生不平衡的认知，以此来对学生的思维进行引导，使其发现问题、反思问题；教师应当通过开放式教学参与到学生的探究中，不断地更新课程理论，使课程环境发生变化，使学生由独立学习到合作学习、单方面发展到全面发展、接受学习到探究学习、被动学习到有计划学习、单向传递到多向传递进行转变。

2. 体育教师的主导性

关于主导的含义，概括起来主要有五种理解：一是指主导属于对立哲学范畴，在矛盾中指对立双方的决定和主要方面；二是指主导在传统教学论术语中发展而形成现代教学论术语，启发和主动地推动指导；三是指教学过程中主要的矛盾是教师和教材之间的矛盾，学生与教材的连接通过教师这一中介，这一主导作用就是中介作用；四是指主导就是领导，主要是由于教师会对学生及知识的认识途径、认识质量和结果起主导作用，教师是主要负责人；五是指辅助学和支持学是教学的本质，学生的学习态度直接决定了教学成效，在教学中，教师的主要任务是辅佐学生。

学生的主体性与教师的主导性相对应。在教学过程中，教师的主要责任和地位是主导性的表现，而主导性又包括对学生的引导、领导和指导等。

（1）主导性的内容

一是使体育教育指导思想贯彻到实践中。在时代发展的同时，体育教育也在发生变化，体育教材和实际教学是这一变化的直接体现。将指导思想贯彻到教学过程中是体育教师的重要任务之一。在这一过程中，体育教师是主导者。

二是选择的教学手段和方法应当适合学生。教材对相应的教学手段和方法有一定要求，这一要求会对体育教育方法选择的正确与否产生直接影响。教师应当灵活地运用教学方法，设置教学情境，使学生能够更好地理解并加以学习。在对体育教育方法的选择和运用过程中，教师是主导者。

三是选择教学内容并加工教材。体育教师能够成为学生与体育教材之间的中介，其重要任务就是选择并加工合适的体育素材，使其成为一套教材。体育教师应当结合学科与社会要求和学生需求搜集教学素材，寻找最合适的教学内容。

四是评价体育学习结果。教师应当评价学生的体育学习效果和学习态度，以此来激励学生，从而形成最终的综合性评价。在评价中，应当结合学生之间的自我评价和互评。在体育学习评价这一过程中，体育教师是主导者。

五是创造与学生相适应的体育教育环境。体育教育对环境的要求较为特殊，整体环境应当安全并且美观舒适。在这一环境中，教师可以创造良好的教学情境，使学生能够更好地掌握知识和技能。在体育教育环境的创造中，教师是主导者。

（2）主导性的条件

要有效凸显教师的主导地位，充分发挥其主导作用：首先，要明确教学目标，只有确立了清晰明确的目标，才能有针对性地开展教学活动；其次，要明确主导对象，只有符合教学对象的发展特征、需求及实际情况的教学方案才能真正发挥作用，保证教学质量；最后，要明确教学路线，为教学活动提供依据和方向。这要求体育教师必须具备以下条件：

一是知识要求。体育教师在知识掌握的深度和广度方面都有明确的要求，具体表现在：基础知识方面，要博物多闻，掌握尽可能多的科学和人文知识，尤其是在新媒体技术应用日益广泛的教学现状下，体育教师不但要熟知电脑、图文处理、常用语言等应用性知识与技能，而且要熟悉美术、舞蹈等艺术类知识及逻辑推理、科学研究等方法类知识；教育知识方面，需要对教育学、心理学等现代教育知识有全面深入的研究和领会，精准把握教育发展规律，明确不同阶段学生的发展特征及需求，且能熟练掌握、灵活应用各项体育教育方法；专业知识方面，要专而精，通晓各类人体生物学科理论及体育相关发展历史、操作原理、方式方法等。上述知识内容要按照"金字塔"形式逐层夯实，形成一套密切相连、相辅相成的科学知识体系，为高成效开展体育教育活动提供保障。

二是素质要求。它主要包括三个方面：要有殚精竭虑的奉献精神和以身作则的社会责任感；要紧跟时代发展步伐，树立终身学习意识，不断充实自身的知识、技能等素养；在行动上要脚踏实地，在思想上要高瞻远瞩，以推动学生身心健康发展，帮助学生以树立终身体育意识为目标，兢兢业业地当好学生成长道路上的"引路人"。

三是能力要求。体育教师需要具备的能力主要包括：组织管理能力，要能根据教学目标和学生发展特点有针对性地制定切实有效的教学内容，在课堂和课外活动中还要注意劳逸结合、寓教于乐有效调动起学生的积极性和主动性，这些都需要组织管理能力的支持；表达能力，需要灵活、有效地借助各种语言、肢体动作和图标等形式，深入浅出、清晰准确地传达教学内容，让学生快速理解；体育科研能力，要善于发现、研究并采用科学有效的创新手段来有效处理教学活动中遇到的各种问题；熟练应用现代化教学技术的能力。

（三）体育教育中的师生关系

教师的主导性在体育学习中也可以被认为是指导性，主要指教师指导学生学习的强度和质量。学生的主体性是指学生在学习过程中拥有自身的学习目标和学习动力，而目标的清晰和前进动力的强大能够促进整个学习过程。

1. 主导性与主体性相统一

学生在学习中的主体性作用能够在教师的良好指导下更好地发挥出来。如果学生在学习中缺乏积极性，则体现出教师指导方式的不恰当和不正确。同时不能对立地看待学生的主体性和教师的主导性，过分地强调学生的主体性是对学生的放任。虽然课堂氛围较强，但学生的学习目标并没有指向性，许多危险因素依然存在。如果在课堂上，教师被指责指导性过强，则说明教师没有较强的主导性。如果学生的积极性并没有被调动起来，那么教师的主导是无效的。另外，应当正确认识体育教育中的纵向师生关系，防止课堂中产生放任现象。社会对教师和学生的定位直接决定了体育教育中纵向师生关系的存在，而这一关系的存在使得在师生关系中，教师处于主导地位。

教师应当积极热情地对学生进行指导，为学生提供各种教学服务，使学生在教学中能够获得帮助。同时，教师还要为学生制订针对性的学习计划和学习策略，积极地成为学生的朋友。但是教师也绝不能忘记授业解惑的职责，教师是传授和管理知识的主体，不应当削弱和动摇教师在教学过程中的主导地位和主导作用。

2. 主导性与主体性相辅相成

一方面，从词语方面来看，主导性和主体性是不对称的。若想让主导性和主体性产生对称关系，则可以将一个共同的前置词放到它们的前面：在体育学习中，教师的主导性体现为对体育学习的主导性，学生的主体性体现为其在体育学习中的主体性。以此种方法产生的对称十分自然，教师和学生之间的互动关系也自然而然地体现出来。

另一方面，人们往往不能够正确地认识师生关系。这主要是因为人们常常会对立性地看待教师与学生的地位，对一方的地位过于强调，而忽视另一方的重要性。从根本上来说，只要教师能够将其主导性发挥出来，学生就能够体现出自己学习的主体性。如果学生没有充分地体现出自身的主体性，那就说明教师没有很好地发挥自己的主导性。教师的主导性与学生的主体性会从多方面对学生产生影响：影响学生对课堂的整体兴趣，影响学生的全面发展，影响学生的学习效率、情绪和效果。因此，体育教师不仅要注重自身的工作作风和思想品德，还要提高自己的业务能力。

四、体育教育中的逆向教学设计

传统的教学模式，主要是按照正向线性关系开展教学活动，即预先设计学习目标，选择、组织能够完成教学目标的学习内容，评价教学活动开展的效果。然而，麦克泰、威金斯在研究中发现，传统教学设计模式无法有效发挥学习评价的诊断、修正作用。也就是说，所选择、组织的课程内容是否能够很好地完成教学计划和教学目标，只有在整个教学活动完成后才可得知，即使教学目标没有达到预期效果，也只能在后续的教学活动中调整、修正。

与传统教学设计模式相反，逆向教学设计是按照教学目标、学习评价、组织方式及内容选择的线性顺序开展的，先明确教学活动的目标，然后开展学习评价，最后选择、组织能够达到教学目标的学习内容。由此看来，这种方式的学习评价过程并不是在教学活动结束之后进行的，而是放在学习内容和组织方式的前面，能够预先分析教学目标的合理性和科学性，并且确定能够达成目标的最有效的组织方式、学习内容，有效发挥学习评价的修正功能。

对于逆向教学设计模式中的学习评价来讲，不仅可以诊断教学活动完成的效果，还可以驱动教学目标达成。组织方式、学习内容的选择便成为预期结果达成的最有利证据，使逆向教学设计线性过程形成一个螺旋式上升环，从而有效完成教学目标。与传统教学设计模式不同，逆向教学设计的实施途径虽然逆向，但开展的逻辑是正向的，符合教学目标指引学习内容的理念，直接指向学生的学习结果，从而形成一种教学目标、学习评价、学习内容之间严密、相互促进的结构体系。

教学是为了贯彻"学生多学、教师少教"的理念，使学生在课堂教学中领悟教学真谛，追求对教学内容知识的深入理解。逆向教学设计符合以学生为本的教学理念，充分考虑学生的理解水平，从而培养学生的探索能力、发现和解决问题的能力。当然，这一过程也需要教师适当地运用教学手段，使学生了解学习内容的核心部分，并深入掌握、理解，以提高学生的质疑能力和思维创新能力。

逆向教学设计强调，学生对学习内容的理解是针对数据、事实及现象进行的科学、合理、可靠、全面的解释说明。学生在自我认识、移情、洞察、应用、释疑及解释等方面理解课程内容，能够让他们充分掌握学科中抽象的概念性知识，并形成一定的结构框架，从而可以创造性地、灵活地运用知识技能。

学习内容主要有三个方面值得学生深刻掌握，即具有吸引力、需要探索的、学科的中心及具有持久的价值。虽然这些知识并不一定源于课本，但在学生的学习活动中产生，并且超越课堂学习，是一种具有重大、恒久价值的学习内容。因此，这些课程知识必须具有学科知识中独特的教育价值、教育功能，才能使学生从中领悟到相应知识的灵魂、实质，并产生共鸣，激发学生的潜力，提高其综合能力。当然，获得这些能力需要学生理解、掌握学习知识、技能，也就是培养学生学习的自主积极性。

逆向教学设计强调学习评价先行的教学方式，将学习评价放在学习内容、活动及经验前面，突出逆向教学设计的特点。对于这种评价先行的教学设计，是为了找到能够实现教学目标的最有效证据，并处理实现教学目标过程中出现的问题，从而产生清晰、明确的学习思路，提高学习效果。不论是传统的教学设计，还是新式的教学设计，都是为了实现教学目标，达成学习目的。对于逆向教学设计来说，要根据既定的教学目标寻找学习目标实现的有效证据，而教学目标也逐步被这些证据所代替。通过评价先行的教学设计方式，学习过程中的"教"与"学"全都聚焦在既定教学目标上，能够有效诊断出学习方式、教学技术、教学方式、教学手段及学习内容的难点、重点，做到"服务学习"的教学宗旨。

对于评价先行的教学设计，从既定目标的分解开始着手，将学习评价引入教学活动的各个环节，分析其教学目标的科学性、合理性，从而找到所需要达成的学习途径、学习内容等有效证据。学习评价先行的教学设计，使教学行为成为寻找证据的过程，意味着教学目标逐步被证据所代替，不断发现实现教学目标的证据，完成学习评价。此时的学习评价，能够使学生在潜移默化中超越目标中与记忆事实相关的学习，深入理解学习内容，形成一定的结构框架，并与相关概念进行连接。

评价先行的教学设计使学习评价自然而然地引入教学行为的全过程中，使学习目标、学习评价、学习内容之间更紧密，从而构成一个闭环、螺旋上升式的有机整体，使学习评价循环往复地反馈、修正。

五、体育教育中的德育管理与志愿服务精神

（一）体育教育中的德育管理

1. 体育德育管理的意义

学校开展体育德育活动需要教育者、受教育者以及学校管理者的共同参与。学校管理者的参与是为了更好地对学生的德育活动进行有效管理，更好地契合德育活动和德育教育，更好地实现德育教育的目的，从整体上提高学校的德育质量。

（1）有利于协调学校、家庭和社会之间的关系

影响德育管理效果的因素有很多，学校德育往往受到上至社会下至邻里、家庭等诸多因素影响。这也要求学校管理者必须着眼于社会的要求，立足学校的实践，兼顾家庭的影响进行德育管理，这样才能够达到理想效果。在具体的操作中，德育往往受三大因素的影响：家庭、校园、社会。其中校园因素在绝大多数时候都是主要因素。作为德育管理的"主战场"，校园必须要协调好与其他外部因素的关系，争取使社会、校园、家庭携手共进，达成一致，以合力推进德育管理，从而达到 1+1+1 ＞ 3 的效果。

（2）有利于协调学校内部各部门、组织之间的关系

学校对德育的管理是宏观地协调学校各部门组织之间的关系。因为学校开展德育活动需要学校内部各部门组织之间的协调配合，比如，党组织、学校工会、教务处、教导处、行政部门、后勤处、总务处、班主任、教师、学生会、共青团等。通过各部门积极配合，对与德育活动开展有关的学校内、外的人力、物力、财力等教学资源充分利用和合理分配，辅助开展德育教学活动和课外活动。学校通过宏观调控部门组织之间的关系，避免不必要的冲突，从而合理运用学校资源，顺利开展德育教育，有效地提升德育质量和效率。

（3）有利于协调学校德育过程内部各要素之间的关系

要真正使德育教育成果落在实处，需依赖各方配合。德的对象应是学生群体，包括个人，但不只有个人，德育是以个人为对象的群体教育行为。学生群体的复杂性也会对德育活动产生重要影响。此外，教师群体本身也颇具复杂性。因此，以复杂的群体构成为对象，同时还要兼顾个体的德育活动，必然也应是复杂的综合性活动。为了使德育活动真正得到实效，就必须区分这些群体中的各个要素，并科学合理地安排每一个要素，使其协调配合，共

同推进德育活动的开展。

2. 体育德育管理的模式

综观历史和现实，体育德育管理有三种基本类型或模式。它们在出现的时间上有先有后，但各自都有其优点和缺点，并都在发展之中。

（1）行政型管理模式

顾名思义，行政型就是将德育放诸行政管理模式下进行。这一模式最大的特征就是采用威权强制推行德育教育。教育者和被教育者是上下级的关系，等级森严，各级言行举止有其规定范式，不得逾越。下级对上级的任何指示原则上都要无条件执行，下级几乎没有自主行动的权力。这种模式的优缺点都比较明显：最大的优点是高效，上级关于德育的意志几乎可以毫不费力地瞬间在整个集体中推行下去；缺点也同样明显，首先，领导人员的专业性几乎决定了集体德育教育的成败，其次，下级完全丧失了机动性，容易一刀切地面对不同情况，从而造成南辕北辙的负面效果。

（2）经验型管理模式

如果对德育管理进行论资排辈，那么经验型的德育教育模式绝对资历最老。这一模式在德育教育出现之初便存在了。与行政型不同的是，经验型的德育教育模式主要依赖于学校领导的经验。这种经验来源于他们的人生经历，或来源于他们的知识，可以肯定的是，他们的经验会带有主观色彩。从某种程度上来说，他们的经验也都相对固定，因而这种模式下的德育管理模式虽然是以主观的经验为基准，但也仍然能够呈现出相当稳固的运行模式。领导经验的适宜与否也将长久地影响其治下单位德育管理效果的好坏。现代社会的发展已经迈入全新阶段，故对经验型管理者也提出了更高的要求。现代的经验型管理者必须兼具科学素养、人文素养、大局意识，必须对德育教育发展的方向有清晰而准确的预判，对推动德育教育发展的工作人员要给予足够的重视，对在德育教育中的各种突发情况要有足够的处理能力。

经验型管理有其优势，优势就在于管理者本身经验的可靠性。然而，缺点也非常明显，任何人的经验都是基于特定的时间、地点体验的综合体，因此都不可避免地带有这样或那样的局限。要突破这种局限，就必须懂得具体问题具体分析。

（3）科学型管理模式

19 世纪末 20 世纪初，诞生了一种新型管理模式，即科学型学校德育管理模式。科学型学校德育管理模式，是利用科学理论对学校管理对象进行调查、测量、实验、统计、分析，并有效地分析管理过程的影响因素，从而发现管理对象和管理过程间的关联，以关联作为依据，运用科学的管理方式进行决策管理。

综上所述，行政型学校德育管理模式、经验型学校德育管理模式、科学型学校德育管理模式都具有各自管理模式的优势和不足，应该在学校实际的管理过程中，具体分析实际情况，结合各个管理模式的优势开展学校管理工作。

3. 体育德育管理的原则

体育德育管理原则是根据学校德育目标、管理理论和德育理论制定的指导学校德育管理工作的基本要求。体育德育管理原则也是德育管理经验的科学总结和概括。

（1）教育性原则

教育性原则是指将德育管理放置于教育体系之下，将德育管理以教育的模式在学校中推进，尽可能地扩大德育管理的教育成果。事实上，校园中的德育管理已经呈现了与教育过程紧密相关的现实情况。在相当多的层面，校园中的德育管理都体现出了校园教育特色。例如，校园德育管理会不断接到反馈，进而修正、实行，再接受反馈，如此周而复始，螺旋上升。这种模式和教师不断改进自己教学方式的模式如出一辙，都非常科学。此外，就像学校的教育是基于明确目标循序渐进一样，校园德育管理也大体会遵循这一途径。贯彻教育性原则，需要做到以下四点要求：

一是学校德育管理本身也具有德育作用，应充分发挥该作用的有效性。德育管理的方式、目标、管理人员的行为都具有德育教育作用，因此学校在进行德育管理时，应该遵守以下几点：首先，管理的推进应该符合德育目标，管理应该以培养学生优秀品德、促进德育质量和效果为前提；其次，管理者要明确管理的意义，从意识和行为上积极配合德育管理；最后，管理应该使用正确的管理方式、方法，防止管理变成形式主义和制约学生的手段，管理者应该端正自己的思想态度，注意自己的言行，以自身为引导和榜样开展学校德育管理。

二是管理应将规章制度和说理疏导结合起来。规章制度是指通过规范管理目标、制订管理计划、规范行为准则、规范检查等方式，宏观把控德育教育的开展过程。说理疏导是指通过教育、谈话、讲座等方式，使教师和学生明确管理的目的、管理的意义，使教师和学生从意识上明确管理的必要性，从而在行动上积极配合德育管理。将规章制度和说理疏导相结合，既从意识上保证了教师和学生理解德育管理，又从规章制度上约束了教师和学生的行为。

三是教育应该自始至终贯穿于学校德育管理过程。管理的目的是辅助德育教育，所以管理的每一环节、每一要求都应该是为了教育而设立，管理计划、管理方式、管理实施都应该具有教育性。

四是适当运用奖惩机制，有效发挥奖惩机制的作用。具体做法为：首先，需要明确奖惩是管理的一种手段而不是目的；其次，奖惩机制应该以奖励为主、惩罚为辅，积极发挥嘉奖的激励作用；最后，奖惩机制中，奖惩手段应该以精神方式为主、物质方式为辅。

（2）方向性原则

方向性指的是与党的方向保持一致。现阶段，社会主义国家的德育教育应为社会主义建设而服务。要实现这一目标，必须坚持三点：首先，坚持党管德育，这是保证我国德育教育发展方向的根本；其次，坚持马克思主义的指导地位，尽管德育教育内容复杂，但归根结底德育教育是对人进行教育、管理，必须在德育管理过程中坚持马克思主义指导思想，让马克思主义理论成为德育思想的根本底色；最后，坚持与党的步伐保持一致，既要保证党的领导，还要听党话跟党走，不断修正自己的前进方向。

（3）整体性原则

整体性就是把学校德育教育当作一个整体、看成一个系统，将学校德育教育的各个要素，按照一定标准分类组合，建立联系，形成一个系统，从整体上处理系统的各种联系和矛盾。事物的存在都是对立统一、相互联系的，学校德育系统也不例外，德育的各个因素之间，也是对立统一、相互联系的。所以，对与德育有关的因素以及德育自身和外部之间的联系、矛盾，都应该从整体上联系解决，遵循整体性原则。贯彻整体性原则，需要遵循以下四点：

首先，将学校德育看成一个整体，结合社会对学校德育整体的影响，有效处理学校德育教育和社会之间的联系和矛盾。学校德育存在于社会环境的发展和变化中，德育及其管理会受到社会的变化影响。同时，学校德育和管理应该及时根据社会变化调整德育发展目标、发展要求、教育方法、内容和方式。除此之外，还要控制对德育造成不良影响的社会因素，更重要的是，应该培养学生良好的品德来改善社会不良风气。

其次，具备全局意识。将学校视为一个整体，将德育教育视为推动学校教育全局发展的重要一环，从大局出发，立足全局，正确处理、管理过程中出现的各种问题。要做到这一点，不但要对大目标有清晰完整的认识，还要立足学校实际，此外，还应具备一定的方式方法，围绕总体目标的实现互相合作，求同存异，坚决制止互相推诿、踢皮球现象的出现。

再次，学校德育工作需要整体统一指挥，各部门分工合作。首先，德育活动需要管理者具有整体思维，全方位地衡量德育活动，合理有效地组织分配工作。其次，学校需要建立有效的行政指挥体系，发挥整体指导作用，把整体德育工作合理有效地分配给各个部门。此外，各个部门要有较强的执行能力，对学校管理者分配的任务，努力贯彻执行，发挥组织部门的能动性。最后，各部门需要协调合作，共同完成德育目标，同时还要检查自己的工作，严格要求自己，与其他部门密切合作，整体提高德育的工作质量和效率。

最后，正确安排影响德育管理发展的各要素。校园无异于一个小社会，其中的人事、财务、设施、氛围，每个因素都会对德育管理形成影响。这就需要管理者对这些因素进行统筹安排，同时兼顾不同员工、不同学生实际需要的内在诉求，积极协调，劲儿往一处使，齐心协力为实现德育管理的目标努力。特别是当校园资源有限时，更要尽力做好平衡，使有限的资源发挥最大效果。

（4）民主性原则

民主性原则是指在德育教育过程中管理者应该把被管理者当作主人，发挥民主性，与被管理者共同开展学校德育管理工作。我国始终坚持民主集中制和党的群众路线工作作风，这同样也适用于学校德育管理。在学校德育管理过程中，管理者应该明确自己是为师生服务的公仆，而不是主宰，切忌管理者将自己当成主宰者，应该以贯彻民主性为基础，和师生共同开展德育活动，相互促进，激发彼此的能动性。贯彻民主性原则，应该做到以下四点：

首先，发扬民主精神，以群众为依托，结合群众意见，开展德育管理工作。德育工作开展过程中，管理者要积极了解群众意见，听取群众建议，整理、分析后合理采用群众建议，依托群众改进、完善德育管理。

其次，学校德育管理可以吸收学生家长和社会力量。学校德育的建设离不开家庭和社会的影响，学校德育管理可以动员家长和社会共同参与。

再次，学校德育管理应该给师生创造参与条件，师生不仅是学校管理的管理对象，也是管理的支配者。学校德育的开展需要师生和管理者共同参与，所以学校德育管理应该给师生创造参与条件。

最后，德育管理可以积极动员学生力量，组建学生组织，实现学生之间的自我教育管理。学校学生数量过于庞大，管理人员数量相对较少，如果想实现全面管理，则必须动员学生力量，在符合管理规定的基础上，发展、建立、完善学生组织，如学生会、共青团等。通过学生组织的建立，对全校的学生开展活动教育、思想教育，实现学生之间的自主管理，让学生成为管理的主要力量。

（5）规范性原则

规范性就是要求在德育管理中做到照章办事。当章程或规则形成后，管理者及被管理者都要遵循既有的规定，不能逾矩。规则本身也要体现出科学化、人性化的特征，使其能够被广泛接受而不引起普遍的反感。要做到这一点，必须要遵循以下内容：

首先，建立完善而合理的制度。若想照章办事，最基本的就是先确定章程，然后才有按照章程推进管理的可能。好的章程应当科学、公正、有人情味。当然，章程的确定除了要遵循一定的原则以外，还要遵循党和国家相关的方针和政策，遵循社会普遍形成的良好规范，遵循公序良俗，并因地制宜，积极探索适宜本校发展情况的章程。

其次，构建尊重规则的校园氛围。管理者应看到校园氛围对遵守规范的重要影响。校风是在长期的实践中逐步建立起来的，是浸润全校的风气。身处校园中的每个人都深受校风影响。因此，德育管理者应当充分认识到校风对校园行为和观点的深刻影响，充分发挥自身在校园氛围营造、校园风气形成过程中的重要作用，帮助校园形成有助于德育管理的校园风气，进而促使校园中的人自觉遵守规则，维护规则。

最后，坚持行为导向原则。必须从规范全校人员行为入手，进行规范化教育。只有使全校师生都形成遵循规范的良好行为习惯，制度才能深入到校园的每个角落。当然，规范的制定也有章可循，不同的群体有不同的遵循主体。如教师群体，其规范主要依托于国家现有的法律法规以及国家和社会对教师的道德要求。学生群体要遵循的规范就相对单一，主要是教育部门规定的针对学生的行为规范。只要校园里个人行为都符合特定的教育行为规范，每一项设施的每一个标准都符合国家相关建造规范和使用规范，那么行为导向原则就可以得到贯彻，促使规则化意识深入到每个人的行为中。

4. 体育德育管理的实施

（1）体育德育管理的实施步骤

首先，明确体育德育的目标。在实施德育管理时，要确立明确的目标。在目标确立后，学校应以实现目标为基础，结合学校及学生的实际情况制订详细的行动计划，使整个学校有条不紊地朝着既定的步骤向目标前行。当然，在这一过程中要始终牢记，学生是德育的根本对象，对学生的理解是制定出合理德育目标的基础。不同类型的学校往往有不同的教育目标及不同类型的学生群体，这就形成了多样化的教育目标、德育目标。另外，对于国家和社会来说，德育目标和教育目标又都有相似之处，如何处理这些目标之间的关系就显得非常重要。在处理复杂关系时，大致要遵循一个原则：在总教育目标和德育目标的指导下，因地制宜地制定本校教育目标和德育目标。需要注意的是，在制定本校目标时，既要立足实际也要适度超前，让目标既有可实现性又不至于毫无挑战性，由此才能激发师生的拼搏精神。

其次，制订体育德育计划。开展德育活动需要制订德育计划。制订德育计划的目的是贯彻党和国家的教育方针，实现德育教育，所以德育计划是指为完成德育目的所采取的工作步骤、工作方法、工作措施的总和。也就是说，德育计划是学校管理者为实现德育目标所做的行动选择。制订德育计划必须合理，计划必须有实施性，应该结合学校的具体情况合理设计各个环节，确保实现德育目标。德育计划的大致内容如下：

学期（或学年）计划。学期（或学年）计划指的是整个学期的整体规划，应该在学期开始前制订学期（或学年）计划，制订的具体内容应该涵盖学生的基本情况，学习的德育任务、内容、要求，需要采取的德育措施和德育活动开展的时间安排。

月（或阶段）计划。月（或阶段）计划指的是学期内每个月（或阶段）的德育计划，该计划制订的具体内容应该涵盖教育主题、具体活动名称、具体活动内容、活动所需准备工作，以及活动负责人、活动时间安排等。

德育活动计划。德育活动计划是德育活动的具体规划。应该在活动开展前制订德育活动计划，具体内容应该涵盖活动举办单位、举办名称、活动目的、活动形式、活动内容、活动负责人以及活动具体时间、具体地点、活动进度等。德育活动具有一定的规律性、系统性和稳定性，在学校教学特定时间点都要举行相应的德育活动；如开学初、教师节、五一劳动节、六一儿童节、十一国庆节、中秋节等重大节日都需要进行相关内容的德育教育，德育教育长此以往、年复一年形成了规律性，也渐渐制度化。

制订德育计划需要做到三点要求：一是制订德育计划需要结合具体情况、具体实际，要认真研究学校的类型、学生的特点、学校的教育目标，结合学校特性制订德育教育计划，目的是使德育计划符合学生品德的实际需求，为学生制订科学、合理、综合提升品德的德育计划。二是德育计划需要合理安排德育工作分工，对不同部门提出不同任务、要求，并将所有任务具体落实到各个部门及个人；除此之外，还要明确工作进度，在制订计划时明确确定计划完成的时间。三是德育计划进行过程中，要经常进行监督检查，综合德育成绩，寻找德育问题，在发现问题的基础上，总结经验，吸取教训；德育计划必须要民主，要听取干部、学生、教师各方面的意见，不断地完善。

再次，开展体育德育活动。校园是德育教育的关键阵地，校园活动是德育教育的关键手段。因此，学校必须用有效的手段对学生进行德育教育，以期达到良好的德育效果。当然，开展这一活动并不是拍脑袋的过程，必须要在事前做好准备，同时根据实际情况的变化及时调整目标。具体而言，好的活动应当具备以下四种特质：

一是具备明确的目标。毫无疑问，达成既定目标是衡量一个德育活动是否成功的根本标准。因此德育活动的一切行动或标准都应当以达成德育目标为准绳，并在此基础上对涉及德育活动的一切因素进行考量与安排，使其能够沿着既定目标走下去。

二是德育活动的内容设计要科学。这里的科学有多重含义，既指德育活动必须保证有科学的方向，即顺应社会主义发展的方向，还指德育活动必须符合德育对象的实际情况，用科学的理论指导，并增加能够吸引德育对象积极参与的内容。由此，学生才能得到真正系统的德育教学。

三是德育活动应该坚持德育原则，选择合适的德育方法和组织形式。任何活动的开展，都应该有活动原则，德育活动也不例外。在开展德育活动时，应该围绕德育原则，注意德育活动方向是否偏离、是否具有针对性、是否连贯一致、是否具有疏导性、集体性。除此之外，还应该注意选择德育方法和组织形式。在德育活动教学过程中，既可以采用室内的教学模式，也可以选择户外的活动模式、学生组织模式或社会实践模式等，也可以结合多种模式开展活动。同一种活动形式可以采取不同的组织形式，可以是组织文体活动，也可以是组织辩论活动、体力竞赛，或 DIY 活动。

四是德育活动的过程应该组织连贯、紧凑有序。开展德育活动应该遵循三点：第一，明确德育动机来开展德育活动；第二，明确德育活动动机后，应该提高学生对德育的认识，陶冶德育情操，锻炼意识意志，养成德育行为习惯，每个环节步骤间应该紧密连接，从容有序；第三，全面认识品德知、情、意、行，在德育培养过程中，侧重对学生的这四个方面进行培养，促进学生德育全方面和谐发展。综上所述，德育的开展离不开明确的动机，也缺不了德育环节的精心设计和环环相扣。科学合理地安排德育过程，紧凑有序地开展，合理地协调资源与人力，可以帮助德育活动顺利进行。

最后，检查与总结。在校园的德育管理中，德育管理者也要遵循这一原则，不断地反思自己的管理效果，检查自己的管理质量，总结自己在管理中的得失。由此，能够对管理的质量、管理的经验和规律总结有更深的认知。只要勤于检查，就能够对管理过程中出现的问题及时纠正、解决，并对管理过程中的正面现象予以及时鼓励，从而大幅提高被管理人员接受德育教育的积极性。勤于总结能够从更深入的层面思考德育管理深层次问题，能够从更长远的角度把握德育管理的发展方向，以更具预见性的方式规定德育管理的前进道路，尽可能地摆脱短期利益的绑架，从而实现德育教育的长远发展。

（2）体育德育管理的检查与总结

开展德育工作、提高德育效果效率，离不开检查与总结，具体包括：时间点的总结，具体有平时性、阶段性、学期、学年、年终性；事项总结，具体有全面事项总结、专题性、经验性、多项性、单向性；人员总结，具体有领导者、管理者的自我总结和检查、组织和各部门人员的自我总结和检查。在德育工作的检查和总结中，这些类型可以单独使用或综合使用。

在检查和总结的过程中，需要注意三点：第一，端正态度，明确检查和总结的目的，动员群众积极参加检查和总结，领导者和管理人员应该结合群众的检查总结，认真落实检查总结工作；第二，开展检查和总结工作，需要提前明确开展目的、有关内容，并且依照德育发展目标，公平、公正、公开地进行检查和总结，嘉奖德育工作的有效成果，指正和指导德育工作的不足；第三，结合检查过程与总结过程，综合分析德育教学过程中的问题，重点是要找出问题、总结经验、吸取教训。

5. 体育德育管理的制度

（1）体育德育管理制度的建立

在德育工作的开展及管理中，应该建立有效的制度。建立制度可以从以下三方面出发：

首先，从领导的角度出发。建立岗位责任制的目的是确保学校、各级德育的负责人能够在其位，尽其力；建立会议制度的目的是确保德育工作的有效研究、确定、执行；建立考核评估制度，对各级组织负责人开展德育工作，进行检查、评估、考核。

其次，从学生的角度出发。应该制定学习管理制度，如学生行为守则、行为规范、学籍管理、出勤制度、考试制度、公共设施使用制度；建立生活管理制度，如宿舍规定、食堂守则、作息时间、礼貌品德道德评价等。

最后，从制度的有效性来看。应该建立奖惩制度和约束制度。建立、健全学校德育管理规章制度应该做到：一是制度要求适当、内容正确、有明确的目的性、条款清楚便于理解；二是制度的建立必须有相应的检查和奖惩措施，具体落实措施来执行，与此同时，学生与教师制度的建立应该是共同的，要求也应相对应；三是建立规章制度要积极吸取民众意见，强调民主性，只有建立在民主基础之上的规章制度才能被认可。

（2）体育德育管理制度的类型

首先，约束性制度。约束性制度是对教师和学生的行为具有约束性的制度。对于教师，约束性制度包含师德规范、请示汇报制度；对于学生，约束性制度包括学习守则、学生规范、生活制度等。除了约束性制度外，还有禁止制度，如禁止考试作弊等。有约束性制度就会有惩罚制度，一旦师生违背了约束性制度，轻者受到批评教育，重者受到纪律惩处。建立约束性制度的主要目的在于约束学生和教师的行为，防止学生和教师出现行为偏差，并反向促进教师与学生积极进取。建立约束性制度需要结合师生的基本道德水平，还要与说理疏导相结合，在以制度为保障的条件下，进行有效思想疏导，帮助学生更好地理解和遵守约束性制度。除了遵守制度之外，还要维持制度的尊严和严肃性。

其次，激励性制度。学校德育教育和管理工作需要激励制度。激励制度可以为教师和学生树立德育榜样，通过树立德育榜样，引领教师和学生向榜样学习，树立自觉意识，积极向榜样靠拢。激励性制度的运用是奖励机制。在评选优秀榜样时，应该以高标准、严要求进行评选，评选标准要具有时代特征，评选过程要结合实际，实事求是，并要遵循民主评选原则。除此之外，评选奖励应该结合物质与精神两种方式，以精神奖励为主、物质奖励为辅。建立、评选激励性制度的全过程要以引导教师和学生积极努力向上奋斗发展为目的，激励性制度的实施需要领导者做榜样，言传身教。

6. 体育德育管理的负责人员

（1）副校长

校长作为学校行政的总负责人，将学校德育管理工作委托给副校长。副校长作为受委托人，应该认真负责地领导全校德育工作。

（2）教导（德育）主任

主管德育的教导（德育）处是德育工作的具体执行部门，主要负责完成主管德育工作的副校长所交代的工作。在副校长的领导指导下，教导（德育）主任负责具体开展实施工作。

（3）团委书记

团委书记是学校共青团组织部的负责人、领导人，受学校党组织和学校上级团委的领导，在党组织和上级团委的指导下，开展本校共青团团员和少先队队员的工作。

（4）大队辅导员

大队辅导员是学校少先队员的负责人、领导人，负责开展大队委员会工作及举办活动，是少先队员的亲密朋友和伙伴。大队辅导员的职责是完成团委的指派任务和学校的团组织工作计划，指导帮助少先队员开展活动。

（5）年级组长

年级组长是年级工作的总负责人，从德育工作开展的角度来看，年级组长负责完成学校分派的德育工作，按照德育工作要求，结合本年级学生的实际情况，具体实施德育工作，领导、指导德育工作。

（6）班主任

班主任的主要职责是负责管理一个班级的学生教育和管理工作，从德育工作开展的角度来看，班主任的职责是负责完成学校交代的德育工作计划，结合本班级学生的真实德育情况和特点，完成本班学生的德育教学工作。

学校各级的德育负责人应该具备相应的素质：应该具有事业心和责任感，对自己的工作全心全意付出，对学生关爱负责；应该具备管理和教学能力，无论是在思想认识上，还是组织能力上，都应该胜任其职位，有开展德育工作的业务能力，并在思想理论水平上也要有一定的建树，深刻了解德育教学的工作理论和经验；要有良好的工作态度，对同事团结友爱，对学生民主热情，对工作热心尽力。

（二）体育教育中的志愿服务精神

1. 我国体育志愿者管理模式——定向招募

以北京奥运会为例，北京奥运会的招募模式是以定向招募和社会招募共同进行的。赛会志愿者的运行机制则是以场馆对接的方式进行的。奥运会志愿者工作协调小组是北京奥组委为了保证志愿者招募工作顺利进行而成立的，该小组的成立不仅是基于奥运会规则和国际惯例，还遵循了志愿者来源结构清晰的原则，将体制优势发挥到最大，从而为志愿者招募提供最好的保障。定向招募的优势也得到了充分发挥：北京普通学生成为奥运会志愿者主体，企事业单位和各机关会对负责重点领域的专业志愿者进行系统性的招募。志愿者的相关面试和测试工作由各个具体实施招募工作的机构及定向招募组织机构负责。

承担北京奥运会志愿者培训工作的领导机构不仅有北京奥运会志愿者工作协调小组，还有北京奥组委和北京奥运会培训工作协调小组，具体实施方则为专业志愿者项目组、志愿者来源单位、志愿者部以及各场馆团队。岗位培训、通用培训及场馆培训则是志愿者的培训方向。

从组织运行机制上看，场馆对接是由北京奥运会赛会志愿者所负责的。志愿者业务口统筹以及各个业务口会分别负责赛事场馆志愿者的相关管理工作。志愿者的考勤情况、激励机制、保障措施和志愿者工作的协调、指导及对突发事件的处理等则由场馆志愿者业务口管理和负责。各个领域的志愿管理工作由所属场馆的业务口负责。协调和组织本单位负责场馆的志愿者工作会由每个场馆的志愿者经理负责，这些经理都是由志愿者场馆对接单位进行选派的。定向招募为北京奥运会提供了大部分的志愿者，北京各大院校为本校志愿者提供了场馆外的班车、餐饮、洗浴、住宿等各项保障措施，制定了相关的补考政策，对教学课程也作出了合理的部署等。

北京奥运会采取了各种激励措施来提高志愿者的积极性。从物质方面看，志愿者会收到各种奥运纪念品；从精神方面看，会为志愿者安排慰问演出。还安排了向志愿者代表献花的仪式，这在奥运会和残奥会是首次。此外，还将志愿者广场建立在奥林匹克公园中，并且雕刻了志愿者主体雕塑。

（1）定向招募模式的优势

首先，有利于对志愿者进行管理。体育场馆与学校对接这个模式之所以充满优势，这取决于奥运会的特点。奥运会需要众多的志愿者，因为其规模大，而且要求志愿者具备较高的素质，在这种对接模式下，一个场馆的志愿者将会由指定的学生组成，这样对于培训、管理和考核志愿者都是非常方便的。此外，各级团委的大力支持也让志愿者在心理方面没有后顾之忧，从而很好地留住志愿者。志愿者来源清晰且明确，组委会能够迅速找到具备专业素质的志愿者，使志愿服务更有针对性。

其次，成为赛会志愿服务的坚实依靠。志愿者工作得到了各个部门的高度重视，从交通、洗浴、食宿、业余活动等方面来为赛事志愿者提供后勤保障。此外，还有各种激励措施，不断提高志愿者的服务积极性，为奥运会志愿服务工作提供了良好的保障。

最后，为志愿者提供保障和服务。志愿者的时间需求能够被各部门明确，从而与场馆协调，保证志愿者有合理的工作时间，在工作之后可以得到充分的休息，尽量避免出现过度疲劳的情况。

（2）定向招募模式面临的挑战

社会中欲参与的志愿者没有参与渠道。赛会志愿者来源在定向招募的模式下得到了充分确定，即固定的和机构志愿者会负责指定的场馆或比赛项目，但这也说明赛会志愿者中并不包含社会志愿者，这让很多想要参与赛事服务的人感到遗憾，也降低了他们的积极性，同时也让志愿者队伍比较单一，无法达到多元化。

2. 体育志愿服务精神培育的对策

（1）提高队伍建设的认识

首先，志愿精神宣传需要不断加强，志愿服务课程必不可少。在开设志愿服务课程的时候可以充分利用学校的已有条件，为学生学习志愿精神提供时间与场所，传播无私奉献的精神并应用于实践，让学生对志愿服务了解的同时，切身投入到志愿服务中。学校在传扬志愿精神的同时要给予学生相应的鼓励，如进行表彰及颁发证书等。

其次，相应的经费要充足，以保障活动顺利进行。经费是一项活动进行的必要条件，志愿活动也需要一定的经费。虽然很多志愿者在服务中都是不求回报的，但是基于活动内容的不同可能会产生其他方面的花费。对于学生来说没有经济来源，因此在服务的时候要控制自身的花费。所以在进行志愿服务活动的时候也需要相应经费来保障活动的进行。当然，通过学校的经费支持，还可以提高学生的积极性，提供更有效率的服务。

再次，设立服务平台，让学生在实践中全方面发展。应该多组织相应的志愿服务，让更多的学生参与进来。体育志愿服务活动对学生来说属于社会实践活动，他们可以通过实践活动来增强自己的素质，提升自己的品质，对锻炼身体、磨炼意志也大有益处。另外，体育志愿活动对于很多体育生或喜欢体育的人来说还可以让他们了解到更广泛的体育知识，提升自己的知识与技能。大学教育主要以课堂教育为主，很多学生缺乏一定的社会实践，因此学校应该设立相应的体育志愿服务平台，让学生将所学知识与实践相结合，这样不仅能促进体育志愿服务的发展，还可以增强学生的实践能力，促进学生全面发展，使其更好地走向社会。

最后，以体育志愿为主体，拓宽志愿服务活动。想要调动更多志愿者的积极性以及吸引更多体育专业的学生，需要将体育志愿服务各方面安排好。经过调查发现，很多体育专业的学生对参加体育志愿的意愿非常强烈，更喜欢和自己所学专业相关的志愿服务。学校开设的一些志愿服务活动大多涉及家教或环保以及对弱势群体的安抚工作等，这种志愿服务相对来说对志愿者知识提升帮助较小，长期这样会导致参加志愿服务的人员减少。所以在组织志愿服务活动的时候需要不断地拓宽思维，增加服务平台，以体育志愿服务为支点，延伸出更多的志愿活动。当然我们还可以在开设体育志愿服务的基础上增加更多的招募方式及志愿服务站。如和社区居委会合作，增加体育锻炼项目，增加居民的活动方式，其中还可以让体育专业学生将自己所学知识教给更多的人。这种方式不仅可以增加社区活动项目，满足社区人民需求，还能进一步增加体育学生的积极性，增长其见识与社交能力。当然还有和学校及社会组织等合作的方式，都可以为志愿者提供更多的服务项目。

（2）建立健全体育志愿组织

首先，在体育志愿组织工作的时候，目标要明确。所有的志愿者服务活动的第一步便是招募志愿者，管理人员在招募的时候要制定相应的规划，确定自己活动的目标，这样可以让志愿者加入进来，拥有相应的使命感，这便是组织的中心。如果所有的志愿组织在开始活动之前就让志愿者拥有其使命感，那么这场活动在开始便成功了一半。志愿服务活动的目标是让更多的体育专业学生自愿加入志愿服务中，奉献其时间与精力，开展体育活动，将自己的所学与擅长运用其中，保障活动高效率进行，帮助更多的人，也更有助于体育服务深入人们的生活，提高人们的生活质量。学生们在活动进行的同时，还可以增强自己的社会实践能力。

其次，组织内部管理要明确，工作要分工，确保各尽其责。一个组织想要长远地发展，需要工作上的分工，让成员根据分工去完成任务。没有职责划分，管理方面就会存在缺陷，组织成员也不能很好地凝聚起来；没有共同的目标，任务完成度便会大打折扣。所以说体育志愿组织在刚开始的时候需要进行工作职责的划分，根据不同的部门来制定负责人员，同时赋予其相应的权力。体育志愿组织在管理划分方面可以借鉴学生会的管理方式，将部门进行具体划分，如主席团、办公室、宣传部、外联部、监督部等。主席团一般为2人，分别为正、副职，他们是志愿组织的管理者，具有决策权；办公室与宣传部各设3人，办公室主管各种材料的管理，宣传部主管校内外及线上线下的宣传工作；外联部可以有2人，他们的主要工作是为志愿组织联系经费；监督部的工作也是非常重要的，一般设4人，他们的工作主要是监督体育志愿组织内部人员的行为，包括志愿者、负责人等，以确保志愿活动顺利进行。当然各个部门还需要设立一名部长，这样，在进行组织会议的时候不用全体人员都参加，主席主要将组织内部事项交由部长，各部门部长再根据部门性质及工作内容去落实，这样有利于志愿者组织管理。

（3）完善体育志愿者招募机制

首先，招募公告信息的确定。招募可以依靠招募公告实现。招募公告信息要具备四点：第一，将体育志愿组织的特点进行描述，语言要尽量简洁；第二，将体育志愿组织需要的工作内容、所包含的部门和对应聘人员的要求等进行详细描述；第三，详细说明应聘者要准备哪些材料参加面试；第四，标明联系方式，同时说明应聘的方式。

其次，招募工作要多渠道、多方式。口头宣传、网络信息、家人或朋友的推荐、海报宣传及所属组织的安排等志愿服务信息渠道都是体育专业学生可以使用的。通过调查数据能够看出，组织内部招聘是体育志愿者招募最常用的，比较不公平。很多体育专业学生对志愿活动消息和服务地点一无所知。所以对现有的招募机制应作出相应的改变，采用内外部相结合的方式来进行招募。

体育志愿组织可以将消息发布到志愿者网站上，这是现代网络技术可以实现的。如果体育专业的学生想要参与到志愿活动服务中，则可以网上注册，填写姓名、性别、兴趣爱好、专业、想要服务的体育志愿服务内容及联系方式等相关信息。如果有新的志愿活动出现，则会以以下这些方式进行告知：通过邮箱或微信向已注册的学生发送信息、体育志愿组织管理者在会上公布、发布招募启事、口头宣传等。

最后，体育志愿者的选拔要公平、公开、公正。在招募过程中，要将自愿报名结合选拔共同进行，其中选拔是非常有必要的：体育志愿组织高层管理者可以作为面试官，他们应有丰富的志愿知识，十分了解志愿组织，同时具备一定的社会经验，并能够做到公平和公正；将招募工作的内容与志愿者信息相结合，对符合条件的志愿者进行初选；面试初选志愿者，对其兴趣、工作态度等进行深入了解，从而选择出与条件相符的志愿者。公平、公正和公开是招募必须要做到的。

（4）建立科学的配置机制

要合理、科学地配置相关资源，使其在经济和生产上达到最佳效率。对招募到的所有体育志愿者进行合理的安排，让工作更有效率就是体育志愿者的配置。配置就是为了将人力进行合理的安排，做最适合的工作，让社会需求得到很好的满足，使效益最大化。

首先，体育志愿者的配置要求。在完成体育志愿者招募之后就应该把他们安排到适合的岗位上。人们更愿意在一个与自己才能、愿望和责任相匹配的环境中工作，会更积极地实现目标，这样工作效率会更高。志愿者对工作是否拥有较高的积极性取决于其工作是否合理。因此，重视岗位分配可以让体育志愿者有更高的满意度。这四个因素是工作分配过程中要注意的：第一，将工作的设备、职责、需求和性质明确告知志愿者，并且让他们知道可行使的权利；第二，以志愿者的特长和爱好为出发点，为他们安排合适的工作；第三，注意志愿者当前的经验、技能和知识能否胜任为其安排的工作；第四，将简单的工作安排给第一次进行志愿服务的学生，让他们获得满足感与成就感，提高其积极性。

其次，体育志愿者的配置原则。

遵循双赢原则。保证服务方和受服务方都能够在体育专业志愿者进行开发和管理时受益就是双赢原则。换言之，是指师生在进行体育志愿服务时能够发挥自身技能、获得社会经验，使自身得到锻炼并获得相应的益处；因为学习仍然是学生的主要任务，所以他们应在不影响自身学习的情况下进行体育志愿服务，而且受服务对象也要获得益处，并得到帮助。在配置服务岗位的过程中既要做到严谨和严密，也要保证弹性，以便随时应对不可控因素的出现。

遵循分工协作原则。体育志愿组织在进行志愿者分配的过程中要做到协同分工，以保证组织形式的合理性，让合力在体育志愿者组织的部门和人员之间出现，让各种体育赛事的服务既达到高质量，又实现高效率，进而实现共同的追求。

遵循自愿原则。与其他工作相比，志愿者工作是自愿进行的，这也是最本质的区别，因此，既不能强迫体育专业学生进行工作，也不能用命令的方式要求他们参与，这与体育志愿服务的理念是相悖的，同时也让志愿服务变得没有任何意义。

最后，结合兴趣、能力与岗位性质，合理分配工作。在分配志愿者的工作时要从他们的兴趣出发，使他们的需求得到满足，并非"事要人做"，而是"人去做事"。因此，在进行工作分配时不仅要考虑体育专业学生的爱好，还要考虑岗位性质。宣传、组织、体育运动训练、接待、维持秩序、翻译、体育健身指导、后勤服务、安保及其他（如裁判工作）工作项目等都属于体育志愿服务的范围。安保、接待、宣传、后勤等工作可根据志愿者兴趣进行安排，因为这些项目并不是专业的，谁都能够胜任；但一些需要较高专业知识和技能的服务项目，如翻译、健身指导和运动训练等就要考虑到志愿者的专业水平及他们的兴趣和动机等，选择最合适的人员，将效益最大化。

（5）完善体育志愿者服务的考评制度

用科学的方式考评员工的工作和效果就是绩效考评。每一个体育专业志愿者所持的态度、行为及结果就是体育志愿者绩效考评。绩效评估不是对志愿者进行批评，而是引导志愿者对工作方法进行改进，从而保证更好的工作效率，也是实施奖励的基础。

首先，体育志愿者服务考评应遵循以下四项原则：

第一，遵循公平、公正原则。通过体育志愿者考评情况就可以看到不公平现象的存在。例如，在优秀志愿者团体评选的过程中会有一项是根据各系的人数和对数进行评比，但每个系的人数都不一样，这样会出现不满情绪。所以，公平是每个考核指标都应做到的，应公开进行所有考核评价，防止出现猜忌等情况。此外，还要公开考核结果，并给出联系方式和意见箱，方便大家提意见或举荐。

第二，遵循反馈原则。如果反馈考核结果只是为了评价而去评价，那么考核就失去了意义。应该向体育志愿组织积极汇报考核结果，无论其好坏。只有这样，体育志愿组织才可以发现和弥补体育志愿服务的不足，或是发挥其优势，不断完善和改进体育志愿服务。

第三，遵循定期原则。应保证体育志愿组织考核评价指标的标准性，做到定期评价。不要想起来才去评价，或者仅凭兴趣偶尔考核，这样太敷衍了。要想对体育志愿者活动有足够的了解，明确体育志愿组织的不足并加以弥补，就必须进行定期评价。

第四，遵循定性与定量考评相结合原则。在对体育志愿者绩效考评时，不仅要制定相应的考核标准，还要定性评价志愿者陈述的服务过程和体育管理者汇报的情况，这样才能更全面地评价体育志愿者。

其次，体育志愿者服务的考评方式。在绩效考评的过程中，要将定量评价与定性评价相结合，也要将形成性评价与终结性评价相结合（但仍要以形成性评价为主）。除了要关注体育志愿服务中体育专业学生的各种表现外，还应关注他们任务完成的状况。应综合下列两种评价方式具体评价：

自我评价法：体育志愿服务总结报告的内容可由体育专业学生自行总结，可以是自己的收获，也可以是自己遇到的问题。

他人评价法：体育志愿服务总结报告的内容还应该有他人评价，可以是负责人的评语，也可以是其他志愿者的互评信息等。

第三节　大学体育教育理念与思想的发展

一、大学体育教学的理念

（一）"以人为本"的教学理念

1."以人为本"的理论基础

"以人为本"教学理念的提出是在现代人本主义教育思想的基础上发展起来的。人本主义教育思想的产生，源于对现代科学发展中人对科学产品的使用和在智能化时代发展过程中人的价值的丧失的思考。"在以人为本的教育理念下，实现大学体育教学应该要加强对传统教育模式和思想的改进，从而为学生营造良好的环境，促进学生的体育学习能力的提升。"[①]

---

① 张仲.以人为本理念下大学体育教学策略探析［J］.科技展望，2015，25（24）：192.

20世纪后，随着科学技术的快速发展，科学主义成为当代教育发展的主流。20世纪50年代的教育改革中，各种教学思想、教学观点层出不穷，其中，认知心理学和行为主义者对人性的认识分析困惑，教育工具化，接受教育、获取知识的快乐体验无法得到重视，教育单纯成为人们获得更高技能与认可的一个途径。

正是在科学技术不断发展的影响下，人类社会的生产生活方式和模式发生了很大的变化，科学改变生活，对人们启发很大，人们依赖科技，也会越来越受制于科技，因此在教育层面，人们也越来越强调"人本主义"，旨在将人从"器物"中解放出来。现代人本主义强调，应将人类从依赖科技中解放出来，恢复人在世界中的本体地位，而非依附于科技发展。

从社会发展中人的主体地位的体现到教育领域中对作为学习者、施教者的教学活动参与主体的"人"的重视，"以人为本"思想在包括教育在内的各个领域得到重视。

教育教学中的"以人为本"教学理念旨在将教学活动参与者从传统教学中的非人性化的状态中解脱出来，恢复人的教学主体地位，强调了"人"的重要性。在教学中，真正关注教师、学生的健康、可持续发展。

"人本主义"理论具有四个基本观点：第一，学习者是学习的主体，应受到尊重；第二，学习是丰富人性的过程，根本目的是人的"自我实现"，强调教育应促进教学参与者（尤其是学生）人格的完整，促进人的认知与情感的丰富、提高；第三，人际关系是最有效的学习条件；第四，"意义学习"是最有效的学习。

2. "以人为本"的教学观点

（1）教育的目的是促进师生自我实现

在体育教学中，学生的自我实现是要促进学生的身体、心理、智能、社会性等全方面自我发展，让每一个学生都能通过体育教学有所进步。体育具有多元教育价值，通过体育教学能促进学生各种素质的综合发展。在"以人为本"的基础性理论支持下，体育教育强调了在体育教学中不仅要重视健康知识和运动技能的学习，还要通过科学的体育教学环境创设和教学过程安排来促进学生的心理、情感、智慧、社会性发展，使学生情感和智力有机结合。体育教育的一个重要教学任务就是在体育教学中促进学生的认知与情感的共同进步与发展，通过体育教学，发掘和发挥每一个学生的学习潜能，培养学生在各个方面的创造性，最终所培养出来的学生应具有创新、创造意识与能力，这样的人才才是社会真正所需要的人才。

在体育教学中，教师的自我实现最基本的就是能创造性地完成体育教学任务，在教学中实现作为教师这一角色的价值，通过体育教学培养出适合社会发展的合格人才，促进学生的发展与进步。同时，在体育教学中，教师要通过对体育教学的科学设计与各种丰富多彩的体育教学活动的开展和教学媒体、媒介的应用来提高自己的教学能力、组织能力、社交能力、科研能力、创造能力等，促进自我综合教学能力和体育素养的不断提高，实现自我职业生涯的不断发展，并能在日常工作和生活中身体力行地从事体育健身锻炼，不断提高自身的身体健康水平，并能对学生和周围的人形成一种潜移默化的影响。

（2）课程安排应尊重学生的自由发展

在人本教育理念产生之前，传统的教育侧重社会价值和工具价值，人本位的思想和观念使人们认识到了传统工具化教育是对其本质属性的违背，人是教育的出发点，人本教育将教育的重点落实到人身上，关注人的健康成长。

体育教学所面对的教学对象是人，每一个人都与其他人存在个体差异，教育不是为了"批量生产人才"，而是旨在促进每一个人基于健康全面发展的个性化发展。因此，体育教学应在统一要求的基础上做到因材施教，教师必须要尽可能实现多种多样、侧重点不同的教学课程设计，使每一个学生都能在体育教学中有所进步与成长。

（3）教学方法的选用应重视学生的情感体验

人本主义教学理论强调"以人为本"，主张教学以学生为中心，实现个性化发展，而学生的这种发展都是从学习经验中体悟和实现的。因此，这就要求体育教学中应重视科学化体育教学方法的选择，激发学生的体育学习兴趣，为学生创造良好的学习体验。

在弘扬人的个性、强调以人为中心、尊重人的情感体验的现代体育教学中，体育教师应全面了解学生、充分尊重学生、真正理解和信任学生。在此基础上，教师与学生之间的关系才能彻底改变，才有助于教师与学生构建和谐的师生关系。良好的师生关系的建立对于体育教学活动的顺利开展具有非常重要的意义。可以说，学生对体育学习的态度、个人爱好、获得学分是重要动机，来自教师的个人魅力因素也具有重要影响。此外，师生和谐关系的建立也有助于教学活动中师生能够更好地配合，从而提高体育教学的质量。

3. "以人为本"理念对大学体育教学的指导

（1）重新定位体育教育价值

在全球化的发展背景下，各种思想文化处在不断地发展和融合之中，教育思想也呈现出这一发展趋势，人本理论和"以人为本"教育理念的提出体现了当代社会对人的发展的重视，在体育教育教学领域，当前的学校体育更加强调人性的回归，学校体育的根本出发点和落脚点应是"育人"。

现代大学体育教学中，"以人为本"的教学理念符合当前时代的发展要求。当前社会，人的发展在社会的各个领域受到了重视，即使是在智能时代，很多机器生产代替了人工生产，但是发明机器、操控机器的还是人，人在人类社会的发展中起到关键作用，任何时候都不能忽视人的作用。

人本主义教学理念与思想指导下的体育教学，就是要求教育者在体育教学活动开展过程中关注作为教学对象的学生这一因素，教师的教学活动开展需要学生的参与、配合，如果没有学生的参与，教学活动就没有开展的意义。现阶段，我国的体育教学思想呈现出多元化的发展趋势，诸多教学思想都围绕"人"的教育展开论述，讨论了体育教学中如何更好地促进和实现"人"的发展。

（2）体育教学目标的重构

在我国，传统的学校体育教学目标为增强学生体质、掌握"三基"和德育，体育教学过于功利化，过于追求竞技成绩和金牌数量，这些都严重忽视了学生的健康发展，不利于学生健康的可持续发展，也不利于整个教学的可持续发展。

随着体育教学的不断发展，新的科学化的教学理论、教学理念给了体育教育工作者更多的教育启发与指导，体育教学的育人作用被不断丰富和发展，多元化的学校体育价值体系对体育教学目标重构提出了要求。

如今，"以人为本"教育理念在学校不同学科的教学中广泛应用并渗透，也有越来越多的学者认识到传统的体育教育体制不再适合当前的体育教育教学，不能单纯地追求学生的外在技能水平，而应该重视学生全面、健康、可持续发展。新时代体育教学的重点转移到"以人为主"上，在体育教学中，教师必须认识到，人是运动的参与者和主体，体育运动的教学和训练也必须以促进人的全面发展为根本目标。

（3）学生教学主体观的建立

现阶段，"以人为本"教学理念成为我国体育教学的重要教学理念，在我国的体育教学实践活动开展过程中，越来越多的教师开始关注学生，从学生的特点、条件、基础和学习需要出发来选择教学内容、选择教学方法、选择教学组织形式与教学模式。大学体育更多以选修课形式设置，教师也正是通过个人教学能力和对学生的"因材施教"与关心关爱学生、研究学生获得学生喜欢，以此来促进更多的学生来选修自己的体育课程。总之，学生是教学的主体，没有学生，教学也就不复存在。

（4）体育课程内容的优选

新时代的"以人为本"教学理念重视学生全面、健康、个性化发展，在体育教学内容选择上也更加科学。

在"以人为本"教学理念的指导下，我国的体育教学有了很大的进步。为了进一步促进我国体育教学的改革，教育部门先后修订各级学校体育教学大纲，强调在体育教学中要不断丰富体育教学内容，通过多样化教学内容旨在促进学生的身心健康与全面发展。大学体育教学中，教学活动的开展也在"健康第一"教学理念的基础上进行的，通过丰富的体育教学内容来吸引学生参与体育锻炼，通过体育教学促进学生身心健康发展。

此外，在丰富大学体育教学内容的同时，"以人为本"教学理念还强调体育教学内容与不同大学生的发展需求相适应，在体育教学内容优选中应注意四点要求。第一，突出体育教学内容的趣味性。在课程改革过程中，激发学生学习的兴趣。第二，强调体育教学内容的健身性。对过度强调竞技技术提高的体育教学内容予以摒弃或改编，使之能更好地为促进高校大学生的身体健康服务。第三，重视体育教学内容的适用性。体育教学内容的教学实施应有利于学生当前身体健康的发展，并能为高校大学生的终身体育意识和体育能力的培养奠定基础第四，关注体育教学内容的创新性。大学体育教学内容还应适应现代化社会发展潮流，应具有启发性、创新性，促进高校大学生的创新意识和能力培养。

（二）"健康第一"教学理念

1."健康第一"的理论依据

从世界范围来看，"健康第一"教学理念的提出是符合世界教育发展趋势和社会对人才的发展要求的。

（1）世界范围内对人类健康发展的重视

在人类社会的发展历程中，健康始终是一个备受关注的课题。人类健康是推动人类社会发展的一个必要条件。随着国际的大众健康交流日益增多，各国都非常重视大众健康发展，整个社会已对体育的功能、价值等方面形成了全新的认识。在教育领域，重视学生的健康发展成为各个国家和地区重视本国体育事业和教育事业发展的一个重中之重。体育健康教育对增强青少年体质健康水平和通过青少年群体影响周围群众健康、实现青少年进入社会成为社会体育人口间接增进社会大众健康具有重要而深远的影响。

（2）社会发展对人才健康发展的客观要求

随着科学科技的不断进步、经济社会的不断发展、社会生活节奏的日益加快，人类的体力劳动越来越少了，长时间伏案工作所造成的"运动不足""肌肉饥饿"严重影响了人们的身体健康。

在当前和未来社会的发展过程中，健康问题将始终是影响个人和社会发展的一个首要问题。社会的快速发展与激烈竞争要求现代人才不仅要有正确的政治思想，具备扎实的科学知识和能力，还要具备强健的体魄，"身体健康是其他一切健康的基础"，"身体是革命的本钱"，身体健康是个体生活、学习、工作的基础，如果没有一个健康的身体，则很难在社会劳动力竞争中占据优势，社会竞争对劳动力的基本要求就是身体健康。要想在竞争中立于不败之地，必须拥有一个健康的体魄。

教育的最终目的是促进个人的健康发展，培养符合社会发展的合格人才，对学生群体的身体健康教育是体育健康教育的重中之重。

2."健康第一"的教学特点

"健康第一"教育理念内涵丰富，其在体育教学实践中表现出以下特点：

（1）强调身体健康是健康的基础

"健康第一"，其中所提到的"健康"是全面的健康，是包括身体健康、心理健康、社会健康等在内的多维健康，健康的基础是身体健康。健康的体魄是人类发展的基本标志。教育应关注健康。

（2）强调多元健康发展的素质教育

"健康第一"作为一个现阶段的重要教育理念，强调体育教育应重视学生的健康发展，指出学校教育教学的首要目标是促进学生的健康成长，学生的身心健康比"卷面分数"更重要。

（3）强调健康教育的全面性

首先，学生身体健康教育。在"健康第一"思想的指导下，大学体育教学应时刻关注学生各方面健康的综合发展。通过体育教学，关注和促进学生的身体健康发展，促进学生的心理和社会性的发展，为学生奠定良好的身体基础、心理基础，并能在走进社会之后有良好的身心健康状态和水平应对生活、工作、再教育中的各种挑战。

其次，学生心理健康教育。现代社会竞争日益加剧，各种社会竞争要求社会生活中的每一个成员都应具备良好的心理素质，如此才能正确地看待学习、生活、升学、就业、恋爱、婚姻等过程中的各种问题。当前，就我国高校大学生群体而言，许多大学生都深受学业、就业、生活中各种问题的困扰，存在不同程度的心理问题。因此，教育关注学生的心理健康非常有必要。体育具有促进运动者健康心理形成和发展的重要作用，现代大学生压力大，也容易受不良因素影响，大学体育教育应关注大学生的心理健康发展，通过开展体育教学活动，促进大学生心理健康发展。

最后，学生社会性发展教育。体育是一种独特的教育形式，学校体育教育可促进学生的社会性良好发展，应该在教学中培养学生的人际关系意识、竞争与合作能力。

因此，在大学体育教学活动中，要深入挖掘体育的教育价值，在体育教学实践中充分贯彻"健康第一"的教育理念，切实促进学生身心健康、全面发展。

3. "健康第一"理念对大学体育教学的指导

（1）树立体育教育新观念

"健康第一"教学理念对我国体育教育最重要的影响就是教育重点和方向的转变。新时代，要想贯彻"健康第一"教学理念，就必须转变体育教育观念，改变竞技化体育教育，关注学生身心健康发展，应该把教育的重心从单纯地追求学生的外在技能水平向追求学生的全面协调发展转移。

新时代，要不断强化大学体育教育教学改革，必须落实健康教育，每一个高校、每一个大学体育教育工作者，都应该形成正确的体育价值观，培养良好的意志品质，不断完善性格特征。总之，现代科学化的体育教育应该将体育教育工作理念从以往单纯的"增强体质"为主转移到"健康第一"的新型教育观、发展观。现阶段，社会发展对人才的要求是全面化的，一名合格的社会人才应该是健康发展的人才，身体健康、心理健康、社会性健康等缺一不可。

（2）明确体育健康教学目标

在当前的体育教育教学实践中，"育人"是学校体育教学工作的最根本目标，技术教育和体制教育并不能完全作为学校体育实践的重心，"健康第一"的教育理念为促进我国大学体育目标多样性、多层次的建构提出了新的要求，具体如下：

一是大学体育教育应重视加强学生的体育文化知识教育，提高学生的体育文化素养。

二是大学体育教育应充分融合健康、卫生、保健、美育等多种教育内容，通过内容全面的体育教育来培养学生健康的体育意识、健康的娱乐休闲习惯，远离可能影响个人身体健康的一切不健康因素和事件的影响。

三是大学体育教育工作的开展应紧密结合学生生长发育与生活实际开展健康教育，使学生学会自我保护，预防疾病的发生。

四是大学体育教育应重视大学生青春期教育和心理健康教育，要将其作为健康教育的重要内容来抓好，从而为学生在特殊时期的健康成长提供科学指导。

（3）完善体育教学课程体系

深化大学体育教学课程体系改革是促进大学体育教学发展的一个重要和有效途径，要贯彻落实"健康第一"体育教学理念，就必须在体育教学课程体系建设方面做好工作，不断丰富体育教学课程体系内容，以更好地满足当前高校大学生的多元化、个性化的体育健康发展需求。在"健康第一"教育理念的影响下，我国的大学体育教学课程现状发生了很大的改变，如体育课程内容的增加、教学方法的不断丰富、学校体育课内与课外活动的有机结合、体育选修课越来越考虑大学生的学习爱好与需要、体育课程与内容设置针对不同专业学生凸显出了专业特点等。

现阶段，要继续贯穿"健康第一"教学理念，建设更加完善的体育教学课程体系，应持续做好以下方面的工作：

一是在大学体育教学中，应始终坚持以学生为主体，将学生的身心健康发展放在首位，所有教学活动都应围绕促进学生的健康发展来开展。

二是调整体育教学内容，充分了解学生的特点和需求，对体育教学大纲所规定的教学内容进行科学选择，对与本校实际教学情况和本校学生不适合的教学内容进行调整，使体育教学内容能更好地从理论落实到教学活动实践中去。

三是丰富体育教学内容。通过丰富的体育教学内容吸引高校大学生的体育学习与体育参与兴趣，通过丰富的体育教学内容满足大学生不同的体育学习需求。

四是重视教学内容的因地制宜，根据本地区气候、资源及学校教学特点来进行特色化的体育教学课程设置，并研究、推出更能反映本校学生健康发展的健康检测内容与标准。

五是重视高校大学生课内体育教育与课外体育活动的有机结合，加强体育课对学生的教育意义和提高学生对体育课的兴趣，并使学生养成科学合理的作息习惯、健身习惯，在课余时间也能科学健身，保持健康的生活方式。

（4）重视体育教学方法优化

教学目标是否得以实现，教学的效果是否良好，很大程度上取决于教学方法的选择是否正确。教学方法是多种多样的，且各有特色，即使是同一种教学内容，体育教师也可以通过多种教学方法来展现给学生。为了最大限度地提高教学质量，体育教师应该判断出哪一种教学方法是最合适的，这样可以促进教学方法应用的最优化，进而促进体育教学效果的最优化。重视体育教学方法优化，要求体育教师具有良好的体育教学能力、科学选择各种教学方法的能力、有效应用各种教学方法的能力。

（5）教学评价体系的完善

当前，"健康第一"成了体育教育的指导思想，体育教学评价也应围绕该指导思想，将学生的体质是否得到了增强、学生的身心健康是否得到了持续的发展作为重要的评价指标，进而构建科学合理的大学体育教学评价体系，具体要求如下：

一是采取定性评价和定量评价相结合的方法，对教学效果进行量化分析。

二是在对学生的全面评价中，要做到评价内容的全面、评价指标的全面、评价方法的全面，还要尽量做到邀请不同的评价主体进行评价。

三是体育教学不仅要注重对学生进行全面的评价，还要注重对教师教学方面的评价。

（三）"终身体育"教学理念

1. "终身体育"的理论依据

"在当前高校教育中，体育教学是一门不可缺少的重要学科内容，学好该门课程，可以大大提升大学生的身体素质和心理素质，促进其实现全面化发展。"① "终身体育"教育思想的形成是人类自身和社会发展的必然。终身体育包括两个方面的内容：第一，终身体育贯彻人的一生，从出生开始一直延续到生命的结束，在人的一生中，都应养成参加体育锻炼的习惯，体育是日常生活的重要组成部分；第二，终身体育是科学的体育教育，在人一生中的不同阶段，都应有正确的价值观念来引导个体参加体育活动，并通过体育活动的参加实现身体的健康发展，终身受益。

学校"终身体育"教学思想的树立和形成能有效促进我国体育教学的发展，是所有运动项目的体育教学都应该树立的一个正确教学思想和观念。因此，要切实推动终身体育教育理念在高校的贯彻落实。教师在推动"终身体育"教育思想的落实方面具有非常重要的责任与作用。在体育运动的参与方面，有很多学生会受到教师的影响，特别是教师业务水平的影响，所以教师应在教学中和课堂外提倡学生积极参与体育锻炼。

"对于我国大学体育教学而言，终身体育是教学的核心思想之一，也是引领我国大学教学的重要方向之一。对于大学生成长来说，终身体育思想能够在帮助大学生强壮体魄的同时，让学生学习到更多的体育知识以及体育技能，从而让学生能够使用更加科学健康的方式学习体育并更好地适应社会的发展。"② 因此，在体育课堂教学中，教师应关注学生终身体育意识和能力培养，不能只关注和过于重视技术、技能教学。在体育课堂外，教师可以组织学生开展各种体育活动、体育游戏。对于高校大学生体育俱乐部活动的开展，教师应鼓励，并给出指导性意见和建议。

2. "终身体育"的思想特征

（1）体育锻炼时间的终身性

"终身体育"是一种先进的教育理念，其最为重要的一点就是可以令个体一生受益。它强调体育教学应符合学生生长发育、心理健康发育的客观规律，注重培养学生对体育的爱好、兴趣，养成锻炼的习惯和能力，强调体育参与的终身参与、终身受益。

---

① 陆卫良. 终身体育思想下的大学体育教学改革分析［J］. 当代体育科技，2020，10（25）：73-75.

② 孟晓东. 我国大学体育在终身体育思想视角下的教学改革［J］. 当代体育科技，2016，6（36）：141，143.

（2）体育锻炼群体的全民性

"终身体育"的体育对象指接受终身体育的所有人，每一个社会成员都应该积极参与，"终身体育"是面向全体社会成员的，从学生在学校体育教学中逐渐培养起体育锻炼意识到走出校门走进社会之后能持续参与体育锻炼，为以后的整个人生参与体育锻炼奠定良好的基础。因此，终身体育教育的对象是所有民众，而不是仅仅局限于在校学生，使社会大众都意识到体育锻炼的益处，从而积极主动地投入体育锻炼中。

体育教育是一个需要长期坚持的系统工程，生存、健康是社会和时代的发展主流，健康是人们生存、生活的重要基础，体育健身与生活是密不可分的。因此，无论个体的年龄、社会身份发生怎样的变化，都应该成为"终身体育"的教育对象。

（3）体育锻炼目的的实效性

"终身体育"以适应个人发展和社会发展为根本着眼点。因此，终身体育必须要做到因地制宜，因人而异，不同的人应结合自己的实际，选择具体的锻炼内容、方式、方法等，同时，应融入日常的生活、学习、工作中。在现代社会生活中，人们要根据自身的条件和兴趣爱好，选择合适的体育锻炼方式。

在大学体育教育教学中，体育教学的内容选择、方法运用都应为提高学生的体育知识、体育技能服务，不断提高学生的终身体育意识和终身体育能力，如此，在大学生毕业进入社会后，也能持续参与体育健身锻炼。

3. "终身体育"与体育教育的相同点

（1）共同的体育目标——育人

体育具有多元教育价值，无论是终身体育参与还是体育教育的体育活动参与，其最终目标都是实现体育运动者的体育、智育、德育、美育等多元教育价值，更好地促进运动参与者的健康全面发展。健康的身体是其他健康的前提条件，学校体育教学就是要培养学生的终身体育意识与能力，以为其更好地实现个人价值和社会价值奠定健康的基础。

（2）共同的体育手段——健身

终身体育活动参与和体育教育都是通过体育运动健身参与来实现体育的教育价值，最终的个体行为也都落实在体育健身活动上面，终身体育强调个体应养成终身参与体育锻炼的习惯，在人生的每一个阶段都积极参与体育健身锻炼。体育教学以学生的身体练习为主要教学手段，通过身体活动促进学生的身心、社会性全面发展。

（3）共同的体育任务——掌握体育知识，提高运动能力

个体的终身体育健康参与，离不开科学体育知识做指导，离不开体育健身锻炼实践活动参与，而同时，体育知识与体育技能的掌握也是大学体育教学的重要任务，只有掌握这两方面的内容，才能更加科学地去从事体育健身实践活动，才能通过身体力行的体育活动参与实现运动者的身心健康全面发展。

4.“终身体育”理念对大学体育教学的指导

（1）转变传统体育教学思想

“终身体育”思想指导下的大学体育教学，应该在体育教学内容、体育教学方法、体育教学评价等各方面都要做到以培养和提高学生的体育终身意识和能力为标准，通过与学生日常生活、学习、工作关系更密切、关联程度更大的体育项目教学，培养学生的运动习惯，而不是仅仅关注学生的运动技能掌握情况。

大学体育教育教学过程中，教师应将体育教学达标标准的制定从单纯和过度关注技能指标的思想观念中解放出来，关注学生的体育价值观、体育态度、体育意识、体育行为习惯，如此才能真正有针对性地开展体育教学，才能真正实现终身体育教育。“终身体育”教学理念是大学体育教学改革的指导思想，也是大学体育教学发展的落脚点。

（2）重视学生终身体育意识的培养

个体体育活动参与行为的实现，必须建立在对“终身体育”教育理念有一个正确认识的基础上，“终身体育”意识是高校大学生主动进行体育学习、体育参与的重要内部驱动力和动机。

当前，一部分人面临着各种各样的生理和心理负担。要获得高质量的生活，就必须确保身心健康发展，体育运动能有效促进运动者的身心保持良好的状态，终身体育对于学生的身心素质发展具有重要的促进作用。学生走进社会之后，也会面临着各种压力，体育健身锻炼是一种身心压力释放、身心健康状态重塑的过程，对运动者保持良好身心状态，迎接生活、学习、工作挑战是非常重要的，可以有效提高个人生活质量，提高学习、工作效率。

终身体育活动参与对于个人的社会性发展具有重要的促进作用，大学生

坚持体育健身锻炼，能有效增强身心适应能力，可以在毕业步入社会后更好地适应社会，提高自己抗击压力的能力。

现代大学体育教学实践中，要培养学生的终身体育意识，要求教师应做好以下教育引导工作：第一，引导学生树立正确的体育价值观；第二，端正体育学习态度；第三，将素质、技能、知识、能力等教育内容渗透到终身体育教育中；第四，通过体育教学，丰富学生的体育知识、体育技能，提高学生的终身体育参与能力，为其终身体育锻炼奠定基础。

（3）丰富终身体育教学内容的设置

学生的个体差异性决定了学生的体育兴趣爱好不同、所适合从事的体育运动项目不同、所渴望学习的体育运动知识与技能不同，因此，在大学体育教学中，不能只追求学生某一特定的运动技能和运动的熟练程度，而是重视不同学生的不同体育发展需求，尽可能地丰富体育教学内容，使体育教学内容项目、层次多样化。

"终身体育"教学理念指导下的体育教学内容丰富化教学工作要求包括：第一，延伸与拓展学校体育课堂教育，使学校体育向终身体育延伸；第二，不同教学内容的课程目标设置应在充分了解与分析学生现状的基础上进行，以体育课程终身体育教学目标为导向组织体育教学；第三，选用体育课程内容时，应重视对休闲体育项目、时尚体育项目的引进，开展能够激发学生体育兴趣和潜能的体育活动。

（4）关注学生需求与社会需求的统一

"终身体育"旨在为学生提供一种健康的生活态度与生活方式。对于任何人来说，身体健康都是个体适应现代社会生活、工作、发展的必要条件。大学体育教育的终身体育教育理念的贯彻，就是要在培养符合社会发展的合格人才的基础上，促进学生的个性化发展，实现学生的社会价值与个人价值的共同发展。高校终身体育教育对学生需求与社会需求的统一性的实现，要求应做好以下工作：

一是重视国家需要、社会需要与学生个体需要的有机结合。

二是明确学生需要与社会需要的地位。这是正确处理学校体育发展与社会需要适配性的关键问题。

三是重视体育教育的健身价值与人文价值的实现，重视体育知识、体育技能、体育习惯的共同培养。

四是围绕学生开展体育教学，充分满足学生的学习和发展需求。

五是全面提高大学生的体育素养，以符合社会发展对人才的体质、体能、知识、精神、道德的要求。

"终身体育"教育有四个支柱，即"学会认知、学会做事、学会生活、学会生存"，但应充分考虑"终身体育"与"以人为本""健康第一"的有机结合。

二、大学体育教学理念的创新

随着我国大学体育教育的不断发展，体育教学水平要想更进一步迈上一个新的台阶，就需要在总结前人经验的基础上，并结合我国的具体国情，不断加强体育教学的研究和创新，如此才能保持大学体育教学的先进性，促进体育教学更好地发展。

（一）体育教育理念改革发展的突破点

1. 正视多元体育教育理念的存在

在人类社会的发展过程中，随着人的认知不断深入与发展，许多新的观点和理念不断提出，包括体育在内的教育领域，教育理念与观点的发展也是如此。在体育教学的发展过程中，有多种体育教育理念出现过，不同的体育教育理念之间既有相同之处，又有相互对立和矛盾的地方，但正是因为有这些争论与矛盾的存在，才使得体育教育理念能够不断发展，不断突破，并更具活力。

不同的体育教育理念提出的教育背景不同，具有不同的侧重点，关注不同的体育教育问题，在不同的体育教育理念同时存在的情况下，这些思想的代表者会相互指出对方的弱点和不足，并展示自己的优点与可取之处，这样这些理论之间就会相互借鉴与吸收对方的优点，并对自己的弱点和不足进行改善，对于体育教育教学实践的全面完善均具有重要指导作用。

现阶段，我国体育教育理念的改革与突破应建立在充分借鉴多元体育教育理念的基础之上，同时将不科学的、没有实际意义的理论淘汰掉，更加突出具有现实意义的思想理论的重要性，使这部分理论进一步发展壮大，以不断丰富当前适合我国大学体育教育国情的体育教育理念体系。

2. 结合体育教育理念的规律来推动其发展

一般来说，当一个教育现象和问题出现之后，会引起相关学者的关注与研究，并据此提出一些观点与看法，最终形成一种新的观念，从这一思想发展规律可以充分认定，体育教育理念具有一定的滞后性。因此，要对社会的需求及时加以预测，及早对大学体育教育理念进行改善。

现阶段，我国经济发展迅速，人们生活条件在不断改善，因此逐渐拥有了更高层次的需求。随着社会的不断进步与发展，人越来越受到重视，教育对人的关注也成为一种必然。

随着我国大学体育教育改革的日益深入，越来越多的人逐渐认识到不能再单纯地将教育结果、知识传授看作是教育的一切，不再单纯对社会和集体高度关注，而开始将关注焦点转移到"人"身上，我们要提倡一种能够服务于人的、全面发展的、有价值的教育理念，而且该思想应该关注社会上每个个体的发展。

"人本"教育理念不会将人分成不同的等级，不会歧视任何一个人，不会在培养人的过程中将人当成工具，它对每个人都是尊重的，强调人的全面发展和自我实现。学生体育锻炼的目的不仅仅是提升个人的身体素质，还包括磨炼自身意志、培养适应社会生活的能力。体育教育的过程中要高度重视学生的自我体验，将提升学生能力作为教育的出发点和落脚点。人是社会性的动物，如果在教育过程中忽视人的社会属性，一味地以传授知识为重点，那么教育也就失去了其价值和本质特征。

3. 根据体育教育理念影响因素来促进其发展

体育教育理念在不同时期会表现出不同特点，这与人的认知和社会客观发展环境有关。确切地说，理念是一定历史时期的产物，不同的历史因素必然会对其产生、发展及变化造成影响。

体育的发展受到各方面因素的影响，在体育文化现象发展基础之上的体育理念也受到这些因素的影响。第一，体育受制于政治因素的影响，在一定时期，由于社会政治的需要，政治制约着体育的发展。以竞技体育运动的发展为例，其作为塑造和再现民族形象的重要手段，能在很大程度上体现一个民族的威望，乃至一个国家的国际地位。第二，体育文化与社会经济的发展也具有密切的关系，并受社会经济发展的影响，体育最初是只有贵族才能接受和参与的教育形式和活动形式，在现代，经济比较落后的国家的运动员只能在简陋的条件下训练，其训练效果不可能与经济发达国家的运动员相比。第三，科学技术的发展也对体育的发展产生极为重要的影响。从某种意义上说，现代体育尤其是竞技体育运动的发展，已经逐渐演变成为一场"科技战争"。体育运动发展过程中的每一次记录的产生，都包含诸多的科技要素。

在政治、经济、科技对体育产生重要影响的大背景下，必须及时防止体育教育理念受到上述这些因素的不良影响，同时将这些影响因素中的有利因素充分利用起来，使其推动体育教育理念的发展。体育教育理念的发展会受到社会因素的影响，所以我们要不断对新的社会需求进行探索与分析，并据此来加强对教学思想的改善，同时进一步引导社会的健康发展。例如，利用政策对一些有意义的体育教学法规进行颁布，科学贯彻落实体育教育理念。

此外，理论发展因素也会影响体育教育理念的发展。针对这一点，必须要对体育学科理论进行不断研究，使体育理论不断丰富和完善，从而推进体育教育理念的发展。同时，还应对相关学科和国外体育理论的发展予以关注，将有益的思想积极引进大学体育教育中，以不断促进我国体育教育理念与教育事业的发展。

（二）体育教育理念改革发展的方向

1. 层次性和延续性方向

新时代，教育领域的专家学者对教育的发展方向提出了各自的见解。这些教育理念和教学思想对于体育教学的发展起到了积极的推动作用，使得体育教学改革的目标更明确，体育教学改革的步伐也在稳步提升，促进了体育教学质量的提高。

就体育教育教学实践来说，教学对象是体育教育发展改革应该重点关注的，而不同年龄段的学生在很多方面都存在着显著的差异，所以从教学指导思想在教学实践中的运用可以看出，体育教育理念缺乏系统性、连贯性，具体表现在各年龄阶段体育教学重点倾向性相似，教材的处理、教法的选用和组织安排不符合学生的身心特点及地区特点等，这些都对大学体育教育改革进程造成了一定程度的制约。

新的教育观点和新的教育方法的不断涌现，为各种体育教学思想的出现提供了丰富的理论基础，学校体育教学也在不断探索着改革方向，改革的步伐也在不断地加快，体育教学质量也在不断提升。体育教学面对的是全校学生，他们的教育背景、认知结构、运动技能等方面都有着很大的差异，如果教学指导思想缺乏系统性和连贯性，那么教师在教学实践中就无法很好地把握教学目标，无法正确理解教材中的教学重点，对于教学方法的选择也会无所适从，在组织教学的过程中无法根据学生的具体特性开展针对性的教学，可能会出现混乱局面，给学校体育教学改革造成极大的阻碍。因此，体育教学指导思想的选择要从学生的实际出发，根据学生的生理、心理发展的特征，从而有助于控制和优化教学改革的进程，提高教学改革的质量。

新时代的体育教育改革应该重视学生的长期、可持续发展，在教育理念上，要重视教育的层次性与各阶段的延续性，通过体育教学的科学组织与实施，以不同年龄段学生的特点为依据，对相应的体育教学指导思想进行构建，使之具有鲜明的层次性，以科学把握教学改革目标和教学改革方向，进一步优化教学改革进程，不断促进大学体育教育育人的效果。

2. 人文教育和科学发展观方向

我国的体育教学思想并不是一成不变的，它随着社会的需求而不断发展着，最初单一的"生物体育观"在体育教学中处于主导地位，现阶段则是"三维体育观"成了主流。"三维体育观"包括生物、心理、社会这三个要素，充分发挥了体育在健身、娱乐、社会等方面的功能，具有增强学生体质、培养学生社会适应能力等重要意义。

现代体育教育教学的发展离不开对人的关注，其重要的一点在于关注人的全面、可持续发展。结合我国素质教育与国外人本体育，新时代的大学体育教育理念应将重点放在"重视学生综合素质教育"和"培养优质人才和促进人才的科学发展"两个方面。

一方面，在现代学校体育教学改革发展形势下，体育教育只有改变以往的"知识型"人才的培养，转而走向"创造型"人才培养的道路，树立全面育人的教育观念和意识，着重培养和提高学生的综合素质和能力，才能够最终实现素质教育的目标。

另一方面，不断强调教育的育人作用，通过体育教育促进现代人才的培养与科学、持续发展。使学生在校期间能接受正确的体育观念的教育，使他们对体育运动，对人体短期、长期的各种影响有一个深刻的认识，在观念上使学生把参与体育作为一种自觉的行为，作为现代社会人才的一种基本素质进行培养与提高。

3. 教育理念的综合化方向

当前，素质教育是一种发展中的新的教育理念，具有非常丰富的内涵。现阶段，我国素质教育还处于发展探索阶段，人们试图通过不同的途径、采用不同的教育理念对体育教学实践进行指导，以使体育素质教育获得新的发展。

随着素质教育的不断推进，迫切需要从其他相关理论中对"合理内核"加以汲取和吸收，以不断丰富和完善素质教育理论体系。体育是教育的重要组成部分，服务于人的全面教育，所以在学校体育教学中，应顺应素质教育的潮流，确立"健康第一""终身体育"与素质教育相结合的体育教育理念。在体育教学中，要始终将"健康第一""终身体育"的指导地位放在首位，这两个教育理念的作用和价值是不可轻易动摇的。只有充分认识到这一点，才能进一步深化素质教育改革。

素质教育是一个蕴含丰富内涵的词汇，并不是一个固定的概念。随着社会经济的发展，素质教育的内涵和外延也在不断变化着。在经济全球化的背景下，素质教育需要不断吸引其他理论中的优秀成果，以丰盈"合理内核"。在体育教学过程中，人们不断尝试新方法、新理念，从而使素质教育取得了丰硕的成果。尽管所有理念都具备"合理内核"，但"健康第一""终身体育"在体育教学中的地位是不可动摇的。

总体来讲，素质教育离不开"健康第一""终身体育"，前者是后者的发展基础，后者是前者的发展要求。

（三）体育教育理念的科学创新策略

思想对个体的行为具有重要影响。传统体育要想在学校体育教学中获得根本上的进步，必须要转变教学思想与教育理念。只有在思想理念上作出创新，才能推动传统体育教学的改革，转变教学中不利于体育运动发展的一切困难与阻力因素。随着我国素质教育的深入发展，创新我国大学体育教育的理性思考是学生及时掌握运动技巧和运动技能的重要途径，也是培养学生积极向上的世界观、人生观、价值观的重要策略。现阶段，实现体育教育理念的科学创新，应从以下方面着手进行：

1. 更新体育教育理念

我国体育教育具有悠久的历史，在漫长的发展过程中，教育理念几经变化与发展，在不同时期对体育教学的发展都起到了重要的作用。在传统体育教学发展和改革的过程中，生物体育观是其基础。随着经济全球化的不断发展，各种学术思潮不断与传统的教育理念碰撞、冲突，进而逐步地交流、融合，人文体育观念逐渐被体育教育界所接受，教学改革中也出现了"学习领域目标""课程目标"等一些新的概念，确立了"身体健康""运动技能""心理健康""社会适应"等立体化的多维健康的教育教学目标。

　　近代以来，在我国的社会背景下，我国的教育领域与政治意识形态之间有着较为紧密的关系。伴随着社会经济商业化进程的不断深入，实用主义成为当时社会的主流思潮，高校教育中也掀起了人文教育与科学教育的论战，科学主义占据了主导地位。大学体育教育坚持科学至上的理念，出现了体育教育政治化和意识形态化的特点，在教学过程中出现了人文性严重缺失的现象。

　　改革开放使我国进入了社会经济转型时期，素质教育被提上日程，体育教育教学迎来了新的发展机遇，人文精神开始兴起。在管理方面，高校开始关注学生的成长，教条化的行政管理模式正在逐步转变，人文关怀的思想蔓延到各个角落。传统的课程教学流程是教师先做动作示范，然后学生根据教师教授的动作要点来练习。为了能够熟练地掌握动作，学生要不断重复练习。枯燥的练习很容易使学生失去学习兴趣，人本主义理念下的体育课程将教学目标贯穿到游戏、比赛等活动中，营造了轻松愉悦的课堂氛围，使教学更生动，学生的体育学习和参与的积极性不断提高。

　　21世纪对高校教育提出了更高的要求，体育教育理念也应随着社会的发展而不断调整。体育教育的目的不应局限在简单的体育动作的传授上，而应该引导学生树立终身体育的理念，要以更开放、更包容的心态来对待体育教育。在创新教育理念的指导下，应充分强调教育理念的时代性，要将创造性思维应用到体育教育中，深刻认识体育教育的本质特征，正确把握体育教育的规律，对体育教育的发展进行理性的思考，使体育教育理念与思想更具系统性、指导性、时代性和创新性。

2. 融合多元体育教育理念

　　在体育教育的发展过程中，诸多体育教育理念被先后提出。这些体育教育理念并非都是先进的教育理念，有些教育理念只在特定的历史时期对体育、教育起到重要的推动作用。经济全球化时代，来自不同地区的思想文化不停地碰撞、交流、融合，教育领域中的思想观念也出现了融合、发展的趋势，特别是随着改革开放的日益深化，体育教学思想的多元化发展趋势越发明显。

　　随着社会和时代的变革，不同教育理念对体育教育的指导作用也会表现出不同的促进或阻碍作用，对此应科学分析、批判继承与发展。

　　从我国教育理念的发展来看，例如，我国早期的国民体育思想，在内忧外患的特殊时期，对我国体育教育发展起到一定的推动作用，其中有关磨炼学生意志的训练模式应该继承，而那些苛刻的不符合人性化思想的东西应该摒弃，自然主义体育教育理念中那些顺应自然规律的教育理念、有利于人性发展的观点值得我们继承，而可能造成放羊式教学的内容，应坚决摒弃，运动技术技能教学思想中有利于知识技能传授、增强学生体质的东西，要努力学习，但同时要注意体育课不等于技能训练课，不能一味地强调技能学习与训练。

　　从国外教育理念的发展来看，各种教育理念呈现出了融合的趋势。以科学主义教育思想与人本主义教育思想发展为例，随着教育理念的不断深入，人们越发意识到科学主义教育思想的价值，特别是在推动社会经济发展中发挥了重要作用。人本主义思想关注学生的健康全面发展，值得在新时代的大学体育教育改革与发展过程中进行思考与科学教育实践指导。伴随着教育价值多元性特征的日益显现，人本主义思想逐渐呈现出与科学主义教育思想相融合的趋势，这两种教育理念的融合正好反映了社会发展的主流思潮。

　　从国内外教育理念的不同来看，由于文化传统及教育背景等方面的不同，我国的体育教学思想与国外的体育教育思想间的差异是巨大的。正确地区分中外体育教学思想上的差异是实现两种教学思想融合的前提和基础。对于国外体育教育思想要采取辩证的态度，对于中国体育教学思想也要采取扬弃的态度，对于传统体育教学思想中优秀的思想进行总结，并且发扬光大，对于不符合时代的思想内容则要摒弃。中国文化背景和国外文化背景有着很大的差异，在这种差异中产生的体育教学思想也各有特色，但是中外体育教学思想中还是有共性的，中外体育教学思想的整合就是求同存异的过程，就是在共性中寻找结合点，从差异性中寻觅不同的功能，从而促进我国大学体育教学的不断发展。

3. 体育知识教育与文化教育的整合

　　体育知识（技能）教育是以体育知识（技能）为本或为中心的体育教育，体育文化（人文）教育是一种从内容到层次都很丰富的体育教育。

　　现代体育教育理念关注学生的全面、科学、可持续发展，关注大学体育教育教学的全面、科学、可持续发展。在大学体育教育实践中，不仅要向学生传授体育知识（技能），更要传承体育文化（人文）的精髓，使学生在学习和参与体育活动的过程中，产生对体育与体育文化的认同，提升体育与体育文化的自觉、自信，把体育融入日常生活，成为一种"新常态"，并进一步实现"终身教育"。

三、大学体育教学思想的演变

我国大学体育教学的思想演变大致上分为四个阶段：中华人民共和国成立初期、竞技体育思想形成时期、改革开放初期、深化改革时期。

第一，中华人民共和国成立初期的体育教学思想。中华人民共和国成立初期，我国刚刚经历了战火的洗礼，尚处在百废待兴之时，各领域的基础尚且十分薄弱。基于这样的情况，我国发展初期的一项重要国策就是"全民皆兵"，旨在恢复国民经济、保卫国家安全。中华人民共和国成立初期，各教育单位体育教育的基本目标在于为社会主义事业的建设培养身体素质优秀的人才。自然而然，这个时期的体育教育会进行军事理念和军事技能的教授，因此教学内容也更加充实、丰富、多样化。此外，与军事能力相关的体育教育内容能够在很大程度上改善教学环境的不足。总而言之，在中华人民共和国成立初期，学校体育教育的重点主要集中在军事教育上，这一阶段的体育教育无论是教育观念还是教学内容安排，都具有十分突出的时代特征，是在特定的社会发展条件及教育领域状况下产生的结果。

第二，竞技体育思想形成时期。一直以来，不同层次和类别的教育单位总会将体育教学的重点集中在竞技体育内容上，这一点也体现在大学体育教学中。大学体育教学关联、继承着中学体育的教学内容和教学理念，仍然可以体现出竞技体育的各种特征。现实生活中，人们在听到"体育"这个词时，往往会即刻产生与竞技体育相关的联想，竞技体育在体育领域的重要地位由此可以得见。它全面深刻的影响也渗透到了我国的体育教育中，并促使我国体育事业国际影响力的加深，使我国一步步在体育事业上发展前行，最终成为真正的体育大国，并继续为实现体育强国的伟大理想而不懈奋斗。

第三，改革开放初期体质健康思想的确立。我国各类公共事业在改革开放后迎来了多方面的革新和发展，这也体现在高等教育领域，教育界既获得了全新的发展机遇，也面临着诸多挑战。体育教育相关文件和措施的出台是对我国体育教学内容和目标的极大拓展，我国的体育教学目标体系逐渐开始包含并重视推动身心健康、提高心理素质等内容，体现了体育教育的大幅度进步，也是对改革开放初期我国高等教育的变革与发展新要求的调整和适应。

第四，深化改革阶段素质教育指导思想的形成。20 世纪 90 年代是我国在改革开放政策实行之后一个社会各方面高速发展的时期，我国社会中各领域的快速发展都离不开相关改革政策与发展政策的有力推动作用。同样，改革的推进也催生了学校体育教学的变革。从 20 世纪 90 年代的时代特点和教育环境可以看出，当时学校体育教学的改革处在一个不断深入的过程中，体育教学、课外体育活动、体育比赛多个领域都迎来了不同形式的模式改革，十分有力地推动了我国体育教学的发展。我国的大学体育教学在改革开放后许多年长久持续的革新和发展努力之后，整体上确立了以素质教育为关键的重要目标，建立起了涉及范围更加广泛的体育教学体系。

我国现阶段的体育教学理念和措施主要在于实行素质教育，这主要是为了承接和发扬"德、智、体、美全面发展"的全新教育方针，素质教育理念在我国体育教育的理论和实践层面的改革与发展上都产生了深刻的影响作用。近年来，根据社会学家和医学家的调查研究及日常生活中的普遍观察，现代人得出结论：我国大学生的身体素质、健康状况令人担忧，并且还呈现出逐年变差的趋势，这种现象对我国高等学校体育教学提出了新的挑战，呼吁顺应当下环境和需求的改革以解决学生身体素质的问题。当下，被体育领域的学者和教师普遍认可和鼓励的教育指导观念是"健康第一"。目前，现代体育教学指导思想已经逐步囊括"终身体育""健康第一"的理念，并将其放在大学体育教学工作纲领的核心地位上。

四、大学体育教学思想的发展

（一）大学体育教学思想的整合与引领

近代以来，我国的主要教育思想在我国的体育教学发展中发挥着举足轻重的作用，这一时期，我国的体育教学思想呈现出"百花齐放、百家争鸣"的局面，但如果对这些多样的理念观点的具体内涵进行深入的分析，就会发现其并未在整体上达成实际的统一，这也决定了我国体育教学思想的发展变化应当解决的关键任务是整合和探讨不同的教育思想，并使其融合和保持统一。

1. 整合中国教育思想对中国体育教学的影响

近代中国诞生了许多教育思想家，他们提出了一系列深刻影响和改变着我国学校体育教学方式和内容的观念，而这些思想家都在一定程度上受到外国教育的影响，从而提出了各种有机结合中外文化思想的学术理论。我国曾有过许多针对这些教育家体育教学思想的学术研究，但这些研究大多较为零散，缺乏将研究内容整合归纳的系统性，更没有提出一套本土化的完整体育教育思想体系，因此也就难以在我国体育教育改革和教学实践中显现出其应有的指导意义。如此一来，对这些学者的教育思想学说的结合研究、比较分析和整理归纳就成为当今体育教育深化改革的关键任务。

2. 整合国外体育教学思想对中国体育教学的影响

在探讨外来教育思想对中国本土体育学科建设的影响及作用时，我们可以发现，中国的体育教学领域对许多国外教育理论进行了吸纳、移植、本土化，一直将中外教育观念进行关联融合，从而达成中国体育教学学科的科学化和现代化。因此，我们有必要对近代以来的国外教育思想进行归纳与反思，了解其影响和渗入中国体育教学理念的方式、传播路径、内在机制，涉及的范围与程度，具体传播和改变的内容，以及这些思想的时代局限，这类研究可以帮助现代人更全面深刻地了解近百年来中国体育教学的现代化发展进程，并从中获得当代体育教学的改革和发展的理论基础。

综上所述，我国教育学者在探究体育教学理念发展历程的学术研究过程中，既不能完全拒绝国外教育理论，也不可全盘照搬，要秉持"扬弃"原则，有选择性地采纳和利用外来体育教学观念，做到取其精华，去其糟粕。"精华"即科学有效的理论部分，"糟粕"即与我国教育实情不相符的理论部分，这样才能让多种不同的教育思想在我国的体育教育教学实践、发展过程和理论体系中充分发挥出其应有的积极作用。

3. 整合中外体育教学思想，构建我国体育教学指导思想

中外文化从背景到内涵都存在许多不同点，因此双方的教育思想（包括体育教学思想）必定也有很多差异及矛盾之处。在这样的前提下，要对二者进行准确公正的对比评判乃至加以融合，选取并采用其中具有借鉴价值的部分并不容易。在进行"扬弃"的过程中，应当辨别和挑选出国外体育教学思想中合理的部分，对其中不符合我国实际和落后腐朽的部分加以甄别和舍弃，总结、整理并归纳我国的优秀体育教学思想，分析比较中外体育教学思想的共通点和区别点，并借助两者的共性对不同的教育思想进行结合，具体分析差异的关键和各自在教育体系中的作用，对双方的体育教育观点有机整合，从而促进我国体育教学的改革，进一步发展体育教育和体育行业。

4. "掌握知识与技能""发展身体与心理"之间的关系

要注意的是，在实际的体育教学过程中，教师所传授的技术知识和学生的实际掌握并不是一致的，二者之间甚至会存在一定的矛盾，虽然一个人运动技能的形成有其内在的特定规律，但体育教育中要求教师在理论层面传授的内容（如运动技巧等）仍然占有相当的比例。所以教学实践中会自然而然地存在许多低水平的重复，甚至出现学生完全无法掌握教学内容的情况，这些问题的源头在于教师在体育教学设计时对于运动技能内在形成规律认知的缺乏，导致教学安排不符合学生的实际能力，针对不同年龄段学生的教材安排、具体教学过程中课时长短的分配、学习内容的掌握程度、学习成果的考核标准等问题都没有得到细致的思量和准确的安排，这种情况可能导致学生在十余年的体育学习过后并未掌握实用的运动技能。那些真正掌握了多方位的体育运动技能的学生并非仅仅借助体育课上的学习来实现运动能力的提升，而是以自身对体育的自发性兴趣作为引导，对于运动技巧不断进行独立的探索研究、坚持日常身体锻炼，最终达到提升效果。

综上所述，在体育教学中，要使学生实实在在地掌握体育知识、把握其与运动技能之间的联系，不仅要在教学实践上下功夫，还要深入准确地把握教学思想和教学理念。

另外，体育教学过程中也涉及个人身心发展的矛盾。一直以来，哲学领域内就身心发展观进行着一元论和二元论的争执，这个问题关乎个人的世界观、人生观、价值观。在体育教学的理论研究和课堂实践中，我们通常都会有一定的偏颇方向。比如，体质论学派就将体育教学过程中的重点放在持续定量的学生体质培养上，将身体发展论放在重要位置。目前为止，仍有相当一部分学者极度推崇体育教学功效中学生的心理发展，过分强调体育教学对学生的心理成长和社会适应能力培养上的具体效果，但这些观点与体育发展自然规律的理性要求并不相符。在普遍的体育教学中，身心发展是一个一元化的整体，这一过程中师生的身心素质都需要获得全面长足的发展，而这一目标的实现需要借助运动技能的有效传授，这一点是教学实践中校方及每一位体育教师都有必要加以重视和坚持的理念，是保持体育教学理论和实践相关研究科学性的需要。

（二）大学体育教学思想的发展对策

1. 立足本土，吸收先进教育思想的理论与经验

从对现阶段学校体育特征的研究，我们可以得知，体育教学已经不再是单单隶属于指定地区或国家的封闭式学校教育，而是一种国际化的教育行为。此外，当前全球范围内的国际化教育教学正在逐渐成为常例，这一进程伴随着各个国家日益凸显强化的民族性。愈发多样化、高频化的国际交往在根本上是各国教育中渗透的民族特色的体现，是各国实现民族性的途径之一。

综上所述，要发展学校体育教学的各个方面，应当从本国教育环境的实际条件出发，面向世界、开拓自我，并且要坚守本土的优秀观念和传统。任何时候，学校体育思想要取得进步，都不可脱离我国教育发展的实际情况，要在重视和发掘本土优秀体育资源、维护民族和乡土体育内容的基础上，大胆借鉴外来的先进教育观念、理论、经验等，并在教学中合理引入不同的新兴体育项目，以充实学校体育教学的内容。

2. 注重学校体育与社会体育、家庭体育的融合

21 世纪，教育不再限定于学校的范围，它已经成为一项由学校、家庭、社会等多方合作来达成和促进的事业，在学生离开校园、步入社会之后，教育也没有结束。体育教育在体育逐渐生活化、大众化、终身化、社会化的背景下，正一步步地向家庭与社会等领域拓展。

第二章　大学体育教学内容分析与发展

第一节　大学体育教学内容概述

体育教学内容是体育教学工作者在进行体育教学时的主要参考，因此，体育教学内容在体育教学中占据非常重要的地位。再加上体育教学内容所涉及的知识点较为繁杂、宽泛，因此，对于体育教学工作者而言，体育教学工作必须建立在对体育教学内容充分了解的基础上。

一、体育教学内容的概念

体育教学内容是指以健康教育为目的，以身体练习、运动技能和教学比赛等形式为手段，通过课堂教学实施，可以在教学环境下进行教学内容的总称。因此，体育教学内容和其他教学内容一样，都具有明显的教育性、科学性和系统性的特征，但是它与其他学科又有着明显的区别，体育教学内容突出的是实践性，师生在课堂上不是封闭、静止的，而是互动的、全开放的。另外，体育的许多教学内容来源于对现实生活的提炼，因而它又具备一定程度的娱乐性、观赏性和竞技比赛性。体育教学内容包含以下两层含义：

（一）体育教学内容有别于一般的教育内容

首先，体育教学内容是依据体育教学目标而选择的，在制定目标时充分考虑了学生身心发展需要、教学实际条件等因素。

其次，体育教学内容是以身体活动为基本手段来进行的教育，以身体锻炼、身体练习、运动技术与技能学习和教学比赛等组织形式为主的教学形式，而语文、数学、英语等学科则是以理性知识传授为主的教育。

（二）体育教学内容有别于竞技运动的内容

竞技运动中的训练虽然也有育人功能，与体育教学类似，体育教学和竞技运动的内容都是运动项目，而且大部分相同，但二者的目的和对运动项目的运用都有很大差异：体育教学以培养健康的合格公民为目的；竞技运动以培养高水平运动员和评出优异运动成绩为终极目标；体育教学内容需要根据社会发展进行必要的改造、组织和加工，而竞技运动内容不必和不允许进行改造。即使是相同的运动项目，二者对受教育（训练）者在体能发展的水平和动作技能的标准化程度等方面上的要求也迥然不同。

体育教学内容在形式、性质和功能上的多样性，使体育教学内容在选择、加工、组织和教学过程控制中变得更加复杂。

二、体育教学内容的特点

（一）实践性

体育教学内容以身体锻炼、身体练习、运动技术与技能学习、教学比赛等组织形式为主，身体活动是这些教学内容的共同特征。身体运动的实践性是体育教学内容最突出的特点之一。这里的实践性是指体育教学内容绝大部分都与由骨骼支持的身体运动实践紧密相关，受教育者本人必须亲身参与这种以肌肉运动为特点的运动时，才可能学会这些教学内容。体育教学内容中的知识学习和道德培养，也必须通过运动过程和体育学习情境氛围，以及运动中的本体肌肉感觉和情感体验才能最终获得，这是与其他学科教育内容最根本的区别。

（二）健身性

由于体育教学内容以身体活动为基本手段，体育教学必然会对身体造成一定的运动负荷。因此，在运动方法和运动负荷合理的情况下，体育学习和练习自然会对身体产生锻炼的作用与效果。虽然由于教学时间的安排，运动负荷的大小、多少和学习目标的优先级等各种因素而经常处于非自觉状态，但只要在选择、分析和设计体育教学内容时根据受教育者不同的身心特点，将这些健身性的内容进行科学的设计和控制，在体育教学中将以锻炼身体不同部位为主的内容进行搭配，在教学过程中对运动负荷大小进行合理安排，对每个教育内容的健身效果进行评价和反馈，就可以最大限度地达到体育教学的健身效果。

（三）娱乐性

由于体育教学内容大多是竞技性的运动项目，参加者在这些运动过程中的学习、竞争、协同、挑战、表现、战胜、超越等心理体验和成就感、卓越感等，都会让人产生愉悦的审美体验。当学生在教学过程中真正感受到这种愉快的体验时，就会强化在体育教学中对运动乐趣的追求动机，这也是体育教学内容与其他文化课内容的主要区别。

（四）层次性

体育教学内容具有鲜明的层次性。体育教学内容的层次性表现为以下两个方面：

第一，体育教学内容内在的层次性，即体育运动的内在规律使体育教学内容的技术与战术之间、内容与内容之间存在着由简单到复杂、由易到难的递进式的层次性，这种内在层次性可以相互联系和相互制约。如篮球运动中的运球、传球等基本技术是篮球战术学习的基础，田径教学中的短跑教学内容是跨栏跑教学内容的基础等。体育教学内容的内在层次性是我们编制体育教学内容的依据。

第二，体育教学内容的外在层次性，即学生的生理、心理和社会特点等外在因素也具有递进式的层次性，这使得体育教学内容的安排应具备系统性、逻辑性，并与以上层次性因素相适应。

（五）约定性

体育运动项目或身体练习方式是在一定的时间、场地、空间或在专门器械上，按照约定的规则和程序进行的，如"田径""郊游""沙滩排球""户外运动""沙地网球""平衡木""撑杆跳"等。也就是说，如果这些项目离开了特定时空的制约，那么其内容和形式就会发生质的变化，甚至内容本身就不存在了。体育教学内容的时空约定性，使体育教学内容对运动的时空有很大的依赖性，也使场地、器材、规则本身成为体育教学内容的制约因素。

三、体育教学内容的目标与要求

体育教学的内容来源于人类发展的各个时期，其教学内容的目标和要求都具有很强的时代性。这主要是因为体育教学内容由当地民众的文化水平、地域气候条件、社会政治经济发展状况、生产力水平、科学技术水平等因素所决定。

（一）传统体育教学内容的目标和要求

传统体育教学内容主要是指运用传统的教育方法对学生进行体育运动技

能培训的一种形式，是体育教学内容中一直存在的锻炼项目。虽然体育教学内容随着时代的不断更迭而持续变化，但是传统性体育教学内容因其积极的教育作用仍然在教育界中占据很重要的地位。下面将对一部分传统体育教学内容的目标和要求进行简单的叙述：

1. 体育保健

体育保健教学内容的目标：通过体育保健基本知识和原理的传授，让学生深刻地认识到体育教学在人的成长过程中的重要作用，学习体育运动对国家、社会的重要作用，从而激发学生对体育锻炼的使命感，使他们自觉地参加体育锻炼。除此之外，通过体育保健基本知识和原理的学习，学生能够了解一些体育学习的必要知识，从而形成对体育教学的正确认识。

体育保健教学内容的要求：体育保健教学内容的编写应该结合当前社会的状况、学生的实际需求等方面进行，并且精选一些对学生的生活和成长有重要影响的体育运动项目，以保证内容的真实性和目的性。同时，在对这类内容进行教学的过程中，要结合实际操作进行演示。

2. 田径运动

田径运动是常见的运动项目，主要包括跑步、跳高、跳远、投掷等内容。田径运动教学内容的目标：通过这项运动，学生能够了解田径运动的一般规律和基本知识，清楚地认识到田径运动对他们成长过程中身体素质培养的重要意义，掌握一些田径运动相关的基本原理和方法，掌握一些基本的田径运动技能，通过生活中的不断练习，达到增强学生体质的目的。

田径运动教学内容的要求：在设计田径运动教学内容的时候，不应该单单从竞技类运动的角度划分、分析田径运动的教学内容和作用，应该从文化、运动特点、技能作用等多方面进行教学内容的设计和组织，这样才能让学生更科学地掌握田径运动的基本知识，并且将获得的田径运动知识和技能正确地应用到健身实践中去。由于田径运动会使肌体产生一定的负荷，负荷强度太高会对肌体造成一定的损害，强度太低则达不到运动的效果，所以在教学过程中，应该根据学生的身体特点灵活教学。

3. 体操运动

体操运动是体育教学中的重要组成部分，由于其对人体的平衡和形体的训练有着非常积极的作用，因此体操这一运动颇受广大高校学生的喜爱。体操运动教学内容的目标：第一，在教师的指导下，让学生充分地了解体操运动文化，了解体操运动对人体健康的作用；第二，让学生掌握一些基本的体操运动技能和方法，使学生能够在日常生活中使用体操来锻炼身体；第三，让学生能够安全地从事体操运动，并且掌握一些体操比赛的基本常识和技巧。

体操运动教学内容的要求：体操不仅能锻炼人体的平衡性、协调性和灵活性，而且能对学生进行心理方面的积极引导和教育。因此，要从竞技、心理和生理等多视角来对体操教学内容进行分析。在教学内容的编排上要保证一定的层次性，不能总是停留在低水平的层次上。在教学过程中，要根据学生的身体特点，开展合理的训练。如有些平衡能力较弱的学生，应该对其进行更多有关平衡能力的练习，做到因材施教，这样才能提高教学质量。

4. 球类运动

球类运动是一种常见运动，其主要包括足球、篮球、乒乓球等运动。由于球类运动是一项充满活力和竞技趣味的运动，因此很受当今高校学生喜爱。球类运动教学内容的目标：第一，让学生充分地了解球类运动的基本概念和球类运动中的一些比赛规则；第二，使学生能够掌握一些球类运动的技能和技巧，以及参加球类运动比赛的基本技能和常识性知识。

球类运动教学内容的要求：球类运动虽然是一项群众性的运动，但其技巧和方法较为复杂，因此在筛选教学内容的时候不能只对球类的单个技能进行教学，而忽视其与比赛之间的联系，否则就会失去球类运动的基本特性，同时还要注意教学内容选择的顺序性与实战性之间的联系。在教学过程中，要注重对技能的训练和对学生团队合作精神的培养。

5. 韵律运动

韵律运动其实就是一些类似于舞蹈、健美操、体操等的运动项目，韵律运动与其他运动最大的区别就是将舞蹈与运动相结合，在音乐节奏的作用下，实现了两者的完美结合。因此，韵律运动是当今女性尤其喜爱的一种运动。韵律运动教学内容的目标：使学生了解韵律运动的基本特征，了解从事这项运动应该遵循的基本原则和规律，掌握一些基本的技巧和套路。除此之外，还可以通过此课程的学习，塑造学生优美的形体。

韵律运动教学内容的要求：因为韵律运动是一项表现运动，同时又是一项塑造形体的运动，不仅涉及音乐、艺术方面的因素，还涉及美学方面的知识，所以韵律运动教学内容应该从学生审美观的培养、舞蹈音乐的了解和掌握等全面地、多角度地加以考虑。韵律运动教学内容还要强调对学生创新能力的培养。

6. 民族传统体育

民族传统体育是一个民族精神和文化的代表，反映着一个民族的发展历史。通过对民族传统体育的了解和研究，将其教学内容的目标确定为：第一，借助这些民族传统体育的讲授，让学生对民族文化有更深的了解；第二，使学生学到一些民族传统体育的技能，既可以防身，又可以继承和弘扬民族文化，如中国武术等。

民族传统体育教学内容的要求：在编排内容时，不仅要结合学生的特点及现代人的生活方式，而且要强调内容的文化性和实用性，特别是对民族传统体育文化背景和意义的介绍和揣摩。在教学过程中，要注意对学生兴趣的培养。

（二）新兴体育教学内容的目标和要求

随着社会的不断发展，人们生活水平日益提升，科技不断进步，促进了各国政治、经济、文化的迅速创新和发展。在这种社会背景下，新的体育运动项目也逐渐兴起。"它们以其特有的趣味性和休闲性，为广大人民群众所喜爱。现代新兴运动项目进入高校体育课堂，必将大大丰富高校体育教学内容资源，给高校体育课堂教学注入新的活力。"①研究新兴的体育教学内容有助于优化体育教学的结构。通过对体育教学内容的不断研究和分析，将新兴体育教学内容总结如下：

1. 乡土体育

近年来，教育改革的不断深入、教育内容的不断创新、课程资源的不断开发，引起了广大体育教学研究者的重视，一些具有积极锻炼意义、散发着浓烈乡土气息的运动项目重新登上体育教育的舞台。这类乡土体育运动的教学目标是，让学生对民间体育和民俗风情有更深的了解，使学生掌握一些具有地区特色的民俗体育知识和技能，促进当地传统文化的继承和传播。

乡土体育教学内容的要求：由于这类体育项目来自民间，具有民俗文化的传播作用，因此要注重其内容的文化性、安全性、锻炼性和规范性，同时剔除一些不利于文化传播或正能量传播的因素，摒除一些错误的实践。

---

① 李翎. 高校体育教学内容资源的开发研究 [J]. 教育与职业，2009（21）：190.

2. 体适能与身体锻炼

随着社会对学生身心健康全面发展要求的不断提高，一些针对性较强的体育锻炼作为培养学生身体健康的运动被正式带进课堂。这些内容与教师对此运动的实践技能的传授相结合，共同发挥着提高学生身体素质和运动素质的作用。体适能与身体锻炼教学内容的目标：体育教师应该通过这一部分的教学内容有效地锻炼学生的身体，让学生掌握更多实践锻炼和运动的原则与方法，帮助他们更好地提升运动技能。

体适能与身体锻炼教学内容的要求：由于这是对学生体适能的锻炼，因此要结合学生身体素质的状况，遵循体育锻炼时的基本规律，要注意锻炼的针对性、科学性和时效性，同时注意内容应该符合国家规定的关于学生体质健康的实行标准。

3. 新兴体育运动

由于新兴体育运动教学的内容具有时代性，因此教师在教学时要注意对体育教学目标的掌握。现经过分析和研究，将新兴体育教学内容的教育目标总结为：使学生掌握一些比较流行的体育运动文化，提高学生对新兴体育运动教学内容的兴趣，同时提高体育教学在终身教育方面的实用性，从而提高体育教学的质量。

新兴体育运动教学内容的要求：由于是一种新兴的体育教学内容，所以在选用这种教学内容时，首先要保证其符合教学条件的基本要求，其次要注意体育教学内容的文化性、教育性、安全性和实践性，同时注意对教育内容的筛选，杜绝不利于学生成长的体育内容。

4. 巩固和应用类课程的基本教学内容

巩固和应用类课程的基本教学内容是新课标要求下的一种教学内容，而且是随着活动课程的发展而不断形成的，其教学内容的目标是，通过此类教学内容的学习，巩固学生有关体育教学的基本知识和技能，并能够将其与运动实践相结合，借此提高学生的体育锻炼技能以及在参加体育活动方面的常识和能力。

巩固和应用类课程的基本教学内容的要求：在选用教学内容时，应该注意将其与学科内容和体育教学内容完美地融合，同时注意对内容的延展性和应用性的掌握，注意对学生在体育教学活动中的创新能力和创新意识的培养，使学生能够进一步拓展所学习的知识和技术。

第二节　大学体育教学内容资源的挖掘

随着我国基础教育课程改革的力度不断加大，大学体育教学内容资源的重要性和价值亦伴随着课程改革的逐步展开而日益凸显。体育教学内容资源的挖掘无论在理论上还是在实践上，都将对体育教育的整体改革与发展产生重大而深远的影响。

挖掘体育教学内容资源的方法有很多，概括起来主要有筛选、改造、整合、拓展、总结五种。

一、筛选

筛选是指按照一定的标准，从大量的体育教学内容资源中，选择出合适的体育教学内容的方法。就使用的对象来说，体育学科专家、体育教师和学生在体育教学内容资源挖掘中都可以运用这种方法。相对来说，体育学科专家在编写体育教材时、体育教师在确定体育教学内容时运用这种方法比较普遍，而学生则使用得比较少。筛选的一般步骤如下：

（一）开列内容清单

体育教师要尽可能地将所要挖掘的体育教学内容相关资源列出来，以供选择。

（二）确定选择标准

选择标准因挖掘主体、挖掘目的的不同而在具体内容上有所差异，但一般要考虑国家的教育和体育政策、学校体育的指导思想和目标、体育课程标准、学校的体育环境、师资、体育教材、学生的特点、具体的课堂教学目标等因素。

（三）按照选择标准筛选出合适的体育教学内容

为了避免筛选法的缺陷，在实际的体育教学内容资源挖掘过程中，要尽可能地将筛选法和其他方法结合起来运用。

二、改造

改造是指根据体育课程具体实施的对象和条件等特点对原有体育教学内容资源的某个构成要素进行加工、变化、修改。改造是体育教学内容资源转化为体育教学内容的基本途径。改造方法的主要使用对象是体育学科专家、体育教师以及具有一定改造体育教学内容资源能力的学生。从各个体育教学内容资源挖掘主体的不同特点来看，使用改造法最频繁的是体育教师。为了提高体育教学内容的适应性和可操作性，他们时刻要根据学校条件，自身特点，学生的兴趣、爱好及身心发展特点等，对各种体育教学内容资源进行改造，以适应具体的体育课堂情境。改造的一般步骤如下：

（一）分析学生的特点和学校的条件

分析学生的年龄、性别、兴趣、爱好、生理发育特点、心理发育特点、生活经验基础，以及学校的场地、器材设备条件等。通过分析，确定改造的具体内容和方式。

（二）改造体育教学内容资源的构成要素

体育教学内容资源都由一定的基本要素所构成。例如，身体练习就是由练习方法要素、环境要素、人与人及人与环境关系要素、比赛规则要素等构成的，改造实际上就是对这些要素的不断变化、加工和修改。对某个具体的体育教学内容资源而言，从中提取一些要素，改变一些要素，增加一些要素或舍弃一些要素就可以形成一个新的体育教学内容。

改造不是随意进行的，必须遵循一定的原则，才能保证改造的合理性与科学性。一般来说，改造需要遵循以下原则：

1. 趣味性与游戏性原则

对所改造的体育教学内容资源尽可能揉进一些趣味性、游戏性、情节性的要素，使学生爱学、愿学、乐学，特别是对一些比较枯燥、单调的身体练习资源的改造。

2. 教育性与文化性原则

体育教师要尽可能地挖掘体育教学内容资源中的教育性和文化性因素，突出体育教学内容的健身、育人和文化价值，使学生在运动活动中受到教育，并了解与掌握各种形态的体育运动文化，包括民族传统体育文化等。

3. 适应性与可行性原则

所改造的体育教学内容资源要尽可能满足学生的体育需要、适应学生身心发展的特点和学校场地器材等条件，并具有可行性。

4. 生活性与实用性原则

所改造的体育教学内容资源要尽可能地贴近学生的现实生活，尽可能地使体育教学内容与学生的日常生活相联系，并能够在他们的日常生活中发挥作用。

（三）重构与修改

重构与修改即对改造后的体育教学内容资源进行重新构建，运用于体育课程的课堂实施，在了解其效果和存在的主要问题后，并进行适当修改，从而为下一轮实施提供参考。

三、整合

整合是指将各种体育教学内容资源的某些要素通过一定的方式有机地结合在一起，从而形成新的体育教学内容的方法。就挖掘主体而言，使用整合方法的主要是体育学科专家和体育教师，学生在体育教师的指导下，也可以采用这种方法进行体育教学内容资源的挖掘。整合的一般步骤如下：

（一）确定整合的主要目的

采用整合的方法进行体育教学内容资源开发，一般目的包括：发挥体育教学内容的多种教育功能，增加体育教学内容的趣味性，提高体育教学内容的适应性。不管是为了何种目的进行体育教学内容资源的整合，都必须要明确整合的主要目的。

（二）确定整合的方式

体育教学内容资源的各要素之间有多种整合方式，因此，有必要对整合的要素进行精心选择和设计。

（三）对体育教学内容资源要素进行整合

在整合之前，要运用改造方法对一些要素进行必要改造，以便使整合后的体育教学内容具有更强的适应性和可操作性。

（四）检验与修改

将整合后的体育课程资源内容通过教学等途径实施，以检查其可行性，并发现存在的问题，然后再做一定的修改和调整。

四、拓展

拓展是指对原有的体育教学内容资源在形式、具体内容及功能等方面进行扩展、补充，使体育教学内容在具体内容和形式上更加完整，在功能上更加全面的方法。体育学科专家、体育教师、学生都可以使用拓展方法进行课程内容资源挖掘。拓展的一般步骤如下：

（一）分析体育教学内容资源的性质和特点

分析各体育教学内容资源的内容结构、呈现方式、主要功能等方面的特点，以便为如何对该内容进行拓展提供依据。

（二）寻找拓展的空间

考虑从哪些方面进行拓展，是进行内容结构拓展，还是呈现方式或主要功能的拓展等。

（三）尝试对体育教学内容资源进行拓展

拓展时要充分利用学校、社区和家庭的各种条件，如图书馆、资料室、网络、书店等，并注意对拓展的内容进行必要筛选、改造，使其具有可行性和可操作性。

（四）整理、实施与总结

对拓展后的内容通过课堂教学实施，并对实施的情况进行总结，还要分门别类地整理，有些内容可以作为资料长期保存，有条件的还可以建立相关的资源库。

五、总结

总结是指对体育教学内容开发实践中的各种经验、成果等进行回顾、分析和反思，以归纳出具有典型意义的体育教学内容方法。在体育教学内容资源的挖掘中，总结既是一种挖掘方法，也是挖掘过程中的一个重要环节。体育学科专家、体育教师、学生皆可以运用总结方法进行体育教学内容资源挖掘。总结的一般步骤如下：

（一）反思开发过程

反思开发过程即对体育课程开发过程中的各种经验、心得、教训等进行反思和回顾。反思要尽可能详细，以便能从中发现一些有价值的经验。

（二）形成文字材料

在反思的基础上，把反思的结果用报告、小论文、学术论文及专著等形式反映出来。

第三节　大学体育教学内容的编排与选择

一、体育教学内容的编排

（一）体育教学内容的编排方式

体育教学内容的编排存在循环周期性现象。这里提到的循环是同一教学内容，在不同时期、不同学年执行重复迭代的操作。这种周期性的循环可以是课、单元，还可以是学期、学年等。

例如，跑步，这节课上要求进行 100 米跑，如果下一节课仍然要求，那么这就是以课为单位进行的循环。同样的道理，如果这个学期和下个学期都进行了 100 米跑，那么就是以学期为单位进行的周期循环。体育教学内容的编排可以划分为四个层次，并且每个层次也会有一个与之对应的编排方式。

第一，"精学类"教学内容——充实螺旋式。

第二，"粗学类"教学内容——充实直线式。

第三，"介绍类"教学内容——单薄直线式。

第四，"锻炼类"教学内容——单薄螺旋式。

通过上面的划分，不难发现，体育教学内容的编排方式主要有螺旋式和直线式两种。

1. 螺旋式排列

体育教学内容的螺旋式是当某项运动项目的教学内容的有关方面在不同年级重复出现时，逐步提高教学要求的一种排列方法。

在历来的教学大纲中，只模糊地说明一些锻炼身体作用大的教材是适合用螺旋式排列来进行编排的。事实上，并不是仅仅锻炼身体作用大的教材才适合于螺旋式排列的编排方式。这是由于一些兼具难度和深度的教学内容，总是要求学生熟练掌握运动技能，这些教学内容也是更加适合于用螺旋式排列方式。

2. 直线式排列

与螺旋式教学内容的排列方式不同，直线式教学内容的排列意味着，学习了某一体育运动项目和身体练习之后，相同的内容基本上不再重复出现。

随着体育教学的发展，要想更科学地对体育教学内容进行编排，以实现更好的教学效果，体育教学工作者在体育教学内容的编排过程中就要考虑体育教学内容的循环周期现象。

上述的编排方式具有很强的实用性，因为它不但迎合了新课标的教学要求，而且很好地结合了当前教学中的各类情况。此外，教学编排也有加以创新的元素。

（二）体育教学内容的编排方法

1. 简化的教材化方法

简化的教材化方法具体是指将各种高水平、正规的竞技运动项目在各方面（包括竞赛的规则、技术、器材和场地等）进行简化，从而使其能够更好地适应体育教学活动的开展。这种方法是现代体育教学中，对教学内容进行教材化最为常用的一种方法。简化教材法能够使教学内容与学校的条件、学生的能力与需求、教学的目标及教师的教学能力等各方面相适应，使教学更具操作性。

2. 理性化的教材化方法

理性化的教材化方法主要通过对各种运动项目所包含的各种运动原理和知识等方面进行充分的挖掘，并将其组织安排在教学过程中的一种教材化方法。这种教材化的方法适用于具有一定体育基础的学生的体育教学。

3. 实用化、生活化、野外化、冒险运动化的教材化方法

实用化是将教学内容与实用技能相结合。生活化是教学内容与日常生活相结合。野外化是将正规的场地变为野外的非正规场地，或者将各种场地运动转变为各种野外运动。冒险运动化是增加一定的惊险性，激发学生的学习兴趣。这些方法能够与现实生活各种需求相结合，增加教学内容的趣味性，

提高学生的学习兴趣。

4. 游戏化的教材化方法

很多体育教学内容都比较枯燥，如跑、跳、投、体操、游泳等运动项目，因此在选择好教学内容后还需要对其进行一定的改造，而常用的方法就是游戏化的教材化方法。这种方法是将这些单调的运动用"情节"串联成游戏，提高参加者的兴趣，而同时又不会在很大程度上改变练习的性质，依然可以很好地达到增强练习效果的目的。

5. 运动处方式的教材化方法

运动处方式的教材化方法是指以遵循锻炼的原理为基础，对运动的强度、重复次数、速率等因素进行组合排列，并以学生不同的需要为根据，组成处方来进行体育锻炼和教学。这是一种不可或缺的教材化方法，对教会学生运用运动处方锻炼身体非常有利。

（三）体育教学内容编排的注意事项

1. 注意学生基础和教学实际

体育教学内容的编排应符合学生的实际需求，促进体育教学质量的不断提高，应使体育教学的内容与学生的实际情况和实际需求相适应。具体而言，在进行体育教学时，教师应在考虑体育运动和身体练习的难易程度的基础上，依据学生的实际需要、学生的体能和运动技能基础以及其发展的阶段特征等方面，合理安排体育教学内容。

2. 突出不同体育运动和身体练习特征

体育教学内容丰富，在对体育教学的内容进行编排时，应注重各种运动技能的学习、改进、巩固、提高和运用。应该认识到，体育教学不仅要使学生了解相应体育知识和技能，还应该使学生能在日常体育锻炼中灵活运用这些知识和技能。这就要求教师在对不同体育教学内容进行编排时，突出不同运动项目的特色和技法特点。

二、体育教学内容的选择

体育教学内容同时还将教师与学生连接在一起，促进学生和教师之间的信息交流。体育教学对于体育教学方法和教学手段通常起着制约作用，这有助于体育教学目标与课程目标的实现。为了适应现代社会发展的需求，体育教学内容的选择必须要有一定的依据，遵循一定的原则。

（一）体育教学内容选择的依据

1. 体育课程目标

体育教学内容在实现体育课程目标的过程中是作为手段而不是目的而存在的。体育课程目标存在多元性的特征，体育运动项目和身体练习也具备可替代性的特征，这都使体育教学内容的选择变得更加多样。所以选择体育教学内容时必须有标准可以依据。

体育课程的目标是对教学内容进行选择的重要依据，这是由于体育课程目标在体育课程编制的过程中，在每一个阶段内都作为教学内容的先导和方向，所以它经过了多方专家的合理思考验证，对各个方面的影响都进行了认真合理的验证。因此，在选择体育教学内容时，目标是必须遵循的，相应的体育课程目标对应着相应的体育教学内容。

2. 学生的需要及身心发展规律

选择体育教学内容时，学生的需要是必须要考虑的。体育教学以促进学生身心发展为目的，所以对体育教学内容进行选择的一个必要因素就是学生对于体育的需要和兴趣，这对于有效的学习是非常重要的。学习需要学生的主动参与，学生自身的积极和努力是必不可少的。通常学生面对感兴趣的事情，参与的动力就会大大增加，学习的效率也将倍增。如今，大部分学生虽然非常喜欢参与课外体育课程，但对于体育课兴味索然，最重要的因素就是教学内容缺乏趣味性。

学生对教学内容的接受程度取决于其身心发展规律及特点，因此体育教育的内容必须以学生为主体，考虑学生的接受程度，这样可以激发学生的学习兴趣。在选择体育教学内容时，不能忽略学生的实际情况，需要结合学生的特点来决定教学内容的各项要素。

3. 社会发展的需要

学生个体的发展无法脱离社会的发展。体育教学能够在健康方面为学生打下良好的基础，所以在进行体育教学的内容选择时，除了考虑学生本身的需求外，社会现实发展的需求也必须被考虑进去。体育内容在选择方面不能忽视学生走入社会后发展所必需的体育素质，所以体育教学内容必须能够满足学生走入社会后各方面的需要。

除此之外，体育教学内容必须做到与社会生活和学生生活联系在一起，这样才能让学生体会到它的作用，其功能才能实现。因此，体育教学内容的选择与社会实际相符是非常重要的。

4. 体育教学素材的特性

在体育教学内容的选择上，最重要的要素就是体育教学素材，而它最大的特性就是并没有非常强的内在逻辑关系性，这种特性使得体育教学内容的选择无法完全按照难易程度和学生素质来进行。因此，体育教学内容往往只是以运动项目来进行划分，但各个教材内容之间的关系是平行和并列的，如篮球和足球、体操和武术。表面上看似有联系，但这种联系并没有非常清晰，而且没有先后顺序，无法判断谁是谁的基础。所以无法确定教学内容内部的规定性和顺序性。

体育教学素材的另一个特性是具有一项多能和多项一能的特点。所谓的一项多能就是指通过一个运动项目，能够实现非常多的体育目的，这就是说在这个项目中有着目标多指向性的特点。以健美操为例，有人利用这个项目来锻炼身体，有人用这个项目来娱乐，同时这个项目还有表演的作用。在很多情况下，进行健美操运动往往能实现多个功能。这就是说，学生掌握了一项运动之后，就能够实现多种目的。

多项一能则突出了体育教学内容之间具备相互的可替代性。比如，从事投掷练习，可以扔沙袋、投小垒球，也可以推实心球，还可以推铅球。想通过体育运动得到娱乐放松，可以踢足球，可以打排球，还可以打篮球、打网球。这就是说，想达到目的并非只能通过一个项目来实现，不同的项目也同样能够做到。正是由于这个特性的存在，使得在体育教学内容中没有无可或缺的项目，所以体育教学内容并不具备强烈的规定性。

体育教学素材还有第三个特性，那就是它拥有庞大的数量。庞大的数量使得其内容相当庞杂，并且在归类上存在一定的难度。自人类文明诞生以来，创造出的体育运动项目数不胜数，并且每一个运动的技能对于练习者的身体素质也有着各种各样的要求。鉴于这个原因，没有哪个体育教师能够精通全部的体育项目，所以体育教师的培养才要求一专多能，体育课程的设计者也很难将最合理的运动组合运用到体育教学内容中，同时也几乎不可能编写出适合所有地区和教学条件的教材。

体育教学素材的第四个特性就是在每个运动项目中，其乐趣的关注点都是各不相同的。以篮球和足球为例，其乐趣就是在激烈的直接对抗中，通过娴熟的技术和精妙的战术配合而得分。再如，在隔网类运动中，其乐趣则是双方队员在各自的场地中通过巧妙的配合，将球击到对方场地而得分。因此，体育运动都有各自乐趣的特性，使得它在体育教学内容的选择上是无法忽略的，这同时是快乐体育理论存在的事实依据，并且是这一理论在体育改革进程中发挥着关键影响的原因。

（二）体育教学内容选择的原则

1. 教育性原则

在选择体育教学内容时，应从教育的基本观点出发，对体育教学素材进行选择，分析其是否与教育的原则相符，是否与社会的固有价值观同步。要明确分析它是否有利于学生的身心发展和身体锻炼。

选择的体育教学内容必须与体育课程的主要目标相匹配，确立"健康第一"的指导思想，并以此作为体育教学内容中最基本的出发点，同时看重其中的文化内涵，在学生学习体育技能的同时，能更深刻地体会到体育文化修养带来的益处。学校体育在培养学生的适应力时应该考虑对学生品德、智力、体质等方面的全面发展是否有利，将理论与实际结合起来，在使学生在了解人体科学知识的同时真正锻炼身体，还要从思想、文化等方面下功夫，使其在多方面同时发展。

选择体育教学内容时，要充分考虑不同学段学生的发展特点和规律，其个体差异与不同需求将会在其中起到很大的作用，所以充分考虑能够确保每一位学生受益。在进行体育教学内容的选择时，还要符合各个方面的实际来确保选择时有足够的空间和灵活性。

2. 科学性原则

选择体育教学内容要遵循科学性原则，其中的科学性主要有以下三层含义：

第一，教学内容的选择必须有利于学生身心的协调发展。一些教学内容虽然有利于学生身体健康，但对于学生的心理健康并不合适，反之，同样可能出现这种状况。因此，教学内容的选择必须做到使学生在开心的体育活动中同时促进身体的发展。

第二，教学内容要使学生从根本上对科学锻炼的原理和方法有一个深入的了解，这种了解可以提高学生从事体育锻炼时的自觉性和积极性。

第三，教学内容本身具有科学性，因此必须注意防止一些科学性不够强的体育项目作为教学内容进入课堂。

3. 趣味性原则

兴趣是最好的老师。学生感兴趣,他们就会积极地参与其中,所以,教学内容要注重学生的兴趣点,选择他们喜欢的、有兴致的,并且当前比较流行、受欢迎度比较高的内容。在日常教学工作中,若教师把更多的关注点放到教学体系的完整性方面,对日常教学采用培养专业运动员的方法,则会导致学生产生抵触情绪,出现适得其反的效果。

4. 实效性原则

实效性,顾名思义,就是考虑教材的实用性程度是否有利于学生的健康发展,使用起来是否简便。我们国家针对教材改革也出台了相应的文件,文件中也不断地强调,教材内容要与社会进步相融合,添加新鲜的东西,吸引学生,教材讲授的知识一定要有助于学生的终身学习。因此,教材选择方面一定要尽量添加一些学生感兴趣的、受欢迎程度比较高的、符合时代发展的内容。同时,还要特别注重乐趣,为健康体育、快乐体育、终身体育做好铺垫。

(三)体育教学内容选择的过程

体育教学内容的选择是一个非常繁杂且重要的工作,除了参照相关依据、遵守原则外,工作的开展也有相应的规范流程,主要有以下四大程序:

1. 对体育素材的价值进行分析评估

在开展体育教学内容的选择工作前,体育教学工作者要对当前社会给予极高的重视,从社会生活、科技教育等角度入手,考虑社会的发展对人的影响与要求,并基于此开展对体育教材的分析及评估,要对选择的内容是否有助于学生强身健体、能否引导学生积极主动参加锻炼、是否有助于品质的提升等方面展开评估,最终选择出适宜的教材。

2. 对运动项目与练习进行充分整合

在体育教学中,不同的体育活动和体育锻炼形式会对学生的身心产生不同的影响。因此,在选择体育内容时,要以学校的体育目标为基本前提,认真分析各种体育项目如何促进学生身体机能各方面的发展。将各种体育项目与身体锻炼相结合,并对其进行适当处理,使其成为体育内容。

3. 选择的体育运动项目要有效

任何一个体育项目都可以作为教学的基本素材，体育运动及体育联系的多功能性也使它们有很强的替代性。这在一定程度上表明教学内容选择的多样性。然而，受到教学时长的限制，若要完成所有运动项目是不可能的。这也对教材的选择提出了更高的要求，一定要以当前社会实际为基础，衡量各个时期、不同阶段学生的不同特点，有针对性地教材选择。

4. 对所选内容进行可行性分析

选择体育内容后，有必要分析体育教育内容的可行性，分析当地的制约因素和影响、气候与学校的场地、设备等条件，充分考虑这些特殊环境下教学计划的可行性，并确保地方和学校实施的灵活性，为教师留下足够的空间实施体育内容。

第四节　大学体育教材化与教学内容发展

一、体育教材化

任何一个学科都有其教材化的划分，这是学校学科教学的根本特点之一。为了保证体育教学的正常开展，体育教学工作者应该重视对体育教材化的研究，为体育教学过程提供良好的教学素材，保证教学工作的正常进行。

（一）体育教材化的意义

纵观我国体育教学的现状及特点，其涉及的内容非常广泛，它们有的来自人们的日常生活，有的来自传统的习俗，这些都是体育教学内容的良好素材。但是这种素材绝不能被简单地认为是体育教学内容。如果将体育教材等同于体育教学内容，那么就无法保证教学过程的目标一致性，因为体育教材只是体育教学内容的参考。在教学的过程中，教师还应该根据体育教学的目标及教学环境进行教学内容的筛选。体育教材化的意义可概括为以下四点：

第一，体育教材化是选择体育教学内容的依据和前提条件。在教学内容的选择过程中，可以选择一些与教学目标和学生的发展需要联系较为密切的知识作为教学内容，这样就可以避免教学内容的繁杂，避免教学内容选择过程中目的性不强等问题。

第二，体育教材化是对较为宽泛的体育教学内容的加工，这样可以使体育教学内容的选择素材更趋近于教学目标和教学实际，消除体育教学素材与体育教学内容之间的差异，使体育教学内容的选择更具有目标针对性。

第三，体育教材化是对体育教学内容进行不断编排、整理、选择的过程，因此通过体育教材化对教学内容的加工，可以使所选择的体育教学内容具有整体性和系统性，体育教学工作者在教学过程中也能更好地发挥教学内容的教育作用。

第四，体育教材化能够通过将体育教学内容进行加工和整理，使得原本抽象的教学内容具体化，更容易融入教学活动中，更容易被学生所接受，从而使体育教学内容成为教学活动的依据，保证教学能够有条不紊地进行。

（二）体育教材化的层次

一般而言，体育教材化可以分割成以下两大层次：

1. 编制体育课程标准和编写教科书

一般情况下，这一级别的工作是由国家和地方教育行政部门组织负责的。进一步来说，这一级别工作的主要内容是筛选来自各种体育活动练习的材料，并加以分类、处理和排版。

2. 以课程标准和教科书为依据，将教材变成学生的"学习内容"

通常而言，这一级别的工作负责人就是学校的体育教育工作者了。他们的工作任务就是以国家的体育教材为基准，再结合自己学校的情况、学生的实际需求，把教材转变成适合本校学生的教学内容。

（三）体育教材化的工作内容

体育教材化主要包含选择体育教学内容、编辑体育教学内容、对体育教学内容的改造与加工、教学内容的媒介化四大方面的内容。下面主要以后两方面的内容作为讲述重点：

1. 体育教学内容的改造与加工

筛选出来的教学素材需要通过再次处理和加工，方可投入到教学中。

目前现有的教学实践中，已经有很多体育教材化的方法获得了成功，现挑选以下几种典型的方法加以阐述：

（1）简化的教材化方法

简化的教材化方法就是确保教材内容的简单化，这个简单化主要体现在运动项目的赛事规则、器材及场地等方面，进而促进教学活动顺利开展，该方法也是当前教学实践中使用频率最高的一种方法。此外，这种方法促使教学内容与学校的条件、学生能力等方面更加适应和融合，为教学实践提供了有利条件。

（2）文化的教材化方法

文化的教材化方法就是对运动项目中的文化元素进行提炼，并进行再次强化，借助文化元素增强学生们对运动项目文化氛围和情调的体验。这种方法一般作为辅助教学，它可以强化学生对运动项目的文化体验。

（3）理性化的教材化方法

挖掘运动项目中存在的原理和相关知识，并运用到教学实践中就是理性化的教材化方法。该方法的适用群体是高年龄段的学生，原因在于他们的头脑比较灵活，可以很快地了解并掌握这些原理，而且还可以很好地应用。

（4）变形化的教材化方法

变形化的教材化方法侧重结构层面的改动，进而形成一个全新的运动项目。当然，这种运动项目的前提是要符合教学目标和学生的情况、需求。该种方法在难度系数大、器材场地要求比较高的运动项目中应用得比较多，并且取得的成效也非常不错。

（5）实用化、生活化的教材化方法

类似野外化、冒险运动化这些小的教学方法结合起来就形成了实用化、生活化的教材化方法。实用化就是要求内容和实际相适应；生活化就是符合日常生活需求；冒险化就是添加刺激性；野外化就是常规场地转变成野外场地，又或者场地运动转变成野外运动。

（6）游戏化的教材化方法

对原有单一、乏味的教学内容添加一些娱乐、游戏的元素，寓教于乐，强化学习成效。

2. 体育教学内容媒介化工作

体育教材化的工作环节和流程比较多，最后一个阶段的任务就是教学内容媒介化，主要是指把编辑、处理好的教学内容演变成可以呈现在某种媒介上的教学模式。这种教学模式有很多类别，例如，多媒体课件、影音资料、教材、学习卡片等。以下将讲述重点放在多媒体课件和学习卡片两种类别上：

（1）多媒体课件

教师是基于教学目标开展教学活动的，将相关教学内容转变成了可以使用计算机展现出来的材料，就是常说的多媒体课件。这种模式也是各个学校的教师使用频率最高的，主要就是因为借助多媒体课件可以对教师的讲解速度进行手动调节，而且还可以无限次播放。此外，在教学效果方面也是非常显著的。

（2）体育学习卡片

学习卡片是教学中的一种辅助材料和模式，因为体育卡片的作用和运用目的不同，所以，其运动形式也不同，主要包括六种形式：第一，为学生提供相关学习资料；第二，引导学生积极思考相关问题；第三，增加学生间的沟通，起到互帮互助的作用；第四，在学生的自我评价方面有所帮助；第五，促进师生交流；第六，引导学生自主学习。

自学也是体育学习过程中比较核心的一个环节，体育学习卡片就可以成为自学的辅助资料，完善书本上涉及不全的内容。

二、大学体育教学内容的发展

（一）大学体育教学内容的发展现状

综观我国当前的体育内容发展情况，可以归纳为以下四个方面：

第一，教学内容在进行精简化处理，但是难度系数有所提高，技术含量不断提升，这就对体育教师有了更高、更严格的要求，需要他们能力与素质兼具。

第二，乐趣性越来越少，学生在体育课中的实际练习和"炼"的因素则有一定程度的增加。

第三，竞技体育的发展势头迅猛，日益成为每个国家和地区体育发展的重中之重。综观当前现状，传统体育教学内容日益被正规化、科学化的竞技体育取代，竞技体育一跃成为新型化的教学内容。

第四，教学过程中使用到的器材越来越正规，这足以表明，大学给体育课程的安全问题以极高的关注度。

（二）大学体育教学内容的发展趋势

大学体育教学内容的发展状况可以总结为以下五点：

1. 对终身体育目标的要求进行充分衡量

在大学体育中，大学生终身体育观念的建立和形成占据着主导地位。学生参加体育运动所需的技能、知识和态度对体育目标的实现起着决定性的作用。因此，教学内容应该给予健身、体育文化和娱乐更多的关注度，并在适应价值和终身运动的体育活动中进行选择。

2. 更加注重体育运动的规律性

以前，体育教学内容的选择多是以运动项目中的逻辑关系为基础的。在日后的教学内容选择工作中，教师要从学科内部之间找寻规律，内容的选择也要遵循学生喜爱、感兴趣且带有时代特征的原则。另外，根据学生年龄和学年的差异化，对教学内容的选择也同样要有所差别。

3. 学生价值主体受到的重视程度越来越高

体育教学内容的选择是一个非常繁杂的工作，并非轻而易举就可以完成的，因为它的影响因素非常多，所以对每一个层面都要仔细、认真地衡量。在之前的教学课程中，教师对教学内容的价值取向占据主导地位，更加侧重于教师的教，但是随着体育教学改革工作的大力推行，这种主导地位也发生了转移，更为注重学生对教学内容的价值取向。因此，教学内容的选择也将侧重点转移到学生的学这一层面。

4. 更注重教学主体发展的全面性

传统的体育教学思想和形式可以理解为是一种体能课程，因为把所有的关注点都放在学生的跑、跳等身体体能层面。在国家推行教学改革之后，素质教育被提上日程，学校承担着学生素质全面发展的重任。所以，在教学选择中，更要注重学生的全面发展。

5. 不断引进民族特色项目

我国多民族的特点决定了各民族都有优秀的民族特色体育项目，这些民族项目有自己的特点和良好的使用价值，在选择体育内容时应适当选择它们。

第三章　大学体育教学模式构建与发展

第一节　大学体育教学模式概述

一、大学体育教学模式的构成

体育教学模式是高校体育教学的总纲领，包括体育的教学思想、教学内容、教学方法，了解我国高校的体育教学模式对完成体育教学目标、探讨体育教学方式、掌握学生身心状态具有很好的现实意义。①

（一）教学思想

教学思想是构成教学模式的核心因素，也是其灵魂所在，体育教学模式构建时所应具备的理论和思想就是教学思想。换言之，教学模式是需要以教学思想为理论支撑的，不同的教学思想理论会构建不同的教学模式。比如，1980年，我国构建的愉快教学模式就是以同时期学生的实际需求为基础的，提高了学生的参与度，激发了他们的参与热情，同时，还有助于他们养成终身体育的良好习惯。

（二）教学目标

体育教学模式存在的意义就是促进教学目标的完成。倘若没有教学目标，那么体育模式的存在也毫无意义可言。体育教学模式所能够达到的教学效果是体育教师对某项教学活动在学生身上将产生的效果所作出的预测。体育教学主题的具体编写就是教学目标，教学模式是围绕教学目标存在的，同时，教学目标也会对教学模式的其他构成要素起到限制的作用。

---

① 李爱臣. 浅析我国高校体育教学模式 [J]. 当代体育科技，2015，5（3）：98.

（三）操作程序

操作程序就是教学活动中的环节和流程。体育教学工作中，按照时间顺序逐次进行的逻辑步骤以及各个步骤的具体执行方法就是操作程序。不管采用何种教学模式，操作程序都具有独特性。此外，操作程序并不是固定存在、毫无变化的，但总体而言，它具有相对稳定性。

（四）实现条件

实现条件是对操作程序的补充，主要就是教学模式中具体使用的方法和策略。实现条件主要有人力、物力、财力三方面的内容。也可以理解为教师与学校、教学内容与时空以及学校所具备的设施设备等。

（五）评价方式

不同的教学模式适应不同的教学目标，并且在使用的程序和条件方面也不同。所以，每一种教学模式都有与之相对应的评估准则和方法，并且相对应的评估准则和方法都是独立存在的。在实际的教学过程中不会采用完全相同的评判准则，因为会造成评估结果缺乏合理性和科学性。

二、大学体育教学模式的特点

（一）整体性

体育教学模式是一个整体性的系统构成，在体育教学模式系统中，教学思想、教学目标、操作程序、实现条件、评价共同构成一个整体。教学模式的应用所解决的主要问题是体育教学的整个教学任务的完成问题，对教学过程中的细节问题不能一一照顾到。在体育教学活动开展期间，对于体育教学模式的选择必然是从教学宏观角度出发来选择相应的教学模式的。教学过程中，解决问题应着眼于整体的角度，而不能为了教学中的一个细小问题选择不合适的教学模式。

（二）简明性

体育教学模式为体育教学的开展提供了一个整体框架，使体育教学设计能在框架基础上做到有的放矢。简言之，教学模式是简化了的教学结构理论模型，是从理论高度简明、系统地对凌乱纷繁的实际教学经验的理论化概括，是简单、易理解的教学模型，对体育教学具有提纲挈领的指导作用。

（三）针对性

体育教学模式的针对性主要表现在其选择依据方面，教学模式的选择不是随意的，必须是科学的，与体育教学目标和教学对象相符。

第一，针对不同的体育教学目标，有不同的体育教学模式。如旨在促进学生自主学习能力的发展，发展学生的探索意识和能力，多采取探究式教学模式。

第二，针对不同的教学对象，体育教学模式不同。例如，情境教学模式，通过故事形式，开展体育教学活动，适用于理解能力较差、体育基础不够的学生；快乐体育教学模式适用于一些简单、趣味教学内容的展示，更适用于年龄小和刚接触体育教学的学生。

（四）开放性

体育教学活动的开放性决定了体育教学模式的开放性。体育教学模式的开放性主要表现在以下方面：

第一，体育教学模式结构稳定，但系统内部各要素的情况是可以发生变化的，并且在体育教学模式的实施过程中，体育教学方法、手段等都具有多样性，可以随着教学需要的发展不断丰富化。

第二，体育教学模式程序固定，体育教学模式在结构上、程序上是基本固定的，而且教学程序是不可逆转的，但不同体育教学活动之间的内容比例、时间比例是可以灵活调节的。其中，某些内容可以根据教学实际情况进行压缩、省略和重叠。

第三，体育教学模式的开放性更多地表现为结合体育教学需要的局部调整，体育教学模式的性质不会发生改变，体育教学模式的整体或细节的调节可以使体育教学模式更加与体育教学实际相符。

（五）操作性

教学模式具有操作性，任何一种体育教学模式都必须能在体育教学实践中应用，否则再好的体育教学模式如果只停留在理论阶段，都只是空谈。通过对体育教学模式的实施，能使体育教师非常清楚地知道教学目标与具体操作，并为体育教学模式的实施创造必要的教学环境与条件，使体育教学模式具有可操作性。

第二节 大学体育教学模式的创新应用

一、现代体育教学模式的新形式

随着现代体育教学的发展，过去传统的体育教学模式已经无法满足现代体育教学的各种需求。在对体育教学进行深入改革的同时，体育教学模式也得到了相应的创新发展，产生了一些适合现代体育教学的新的体育教学模式。由于体育教师的个人特点及学生实际情况的不同，在体育教学过程中，应根据具体实际来选择适合的体育教学模式。

（一）小群体体育教学模式

1. 小群体体育教学模式的建立背景

小群体体育教学模式是指在体育教学中，教师通过对小组教学形式的运用，将学生分为不同的学习小组，教师指导学习小组进行学习，各小组之间与同组的学生之间通过互动、互助来促进学生学习的主动性不断提高，从而促进教学效率提高的一种教学模式。小集团学习法起初是在其他学科中产生的，到了 20 世纪 50 年代开始被应用于体育教学中。这种模式在高校体育教学中的运用，取得了较为理想的效果，还进一步促进了高校体育教学的发展和完善。

2. 小群体体育教学模式的指导思想

小群体体育教学模式的主要指导思想是在遵循体育学习机体发展和发挥教育作用规律的基础上，通过高校体育教学中的集体因素和学生间交流的社会性作用，促进学生交往，提高学生的社会性。此外，在运用这种模式的过程中，还要注意培养学生的自主学习能力，并要适应学生的个体差异表现。因此，小群体教学模式的指导思想主要包括以下方面：

第一，有针对性地培养学生的良好品质。

第二，强调集中注意力，并要求学生相互帮助、团结，以有效地提高组内的竞争力。

第三，通过教导学生相互帮助、合理竞争，从而提高学生的身心健康和社会适应能力。

第四，在条件基本均等的情况下，使组与组之间的学生合理竞技，从而激发学生学习的兴趣，提高学习效率。

3. 小群体体育教学模式的优缺点

（1）小群体体育教学模式的优点

小群体体育教学模式的优点主要包括：小群体教学侧重于培养学生的团结性，有利于充分调动学生学习的积极性和竞争性，也有利于培养和提高学生的社会适应能力；通过小群体教学，既可以提高组内队员间的合作能力，又可以提高团队与其他团队之间的竞争能力，增强学生的竞争意识。

（2）小群体体育教学模式的缺点

由于小群体体育教学模式更注重培养学生的社会适应能力，因此可能会导致在教学中将大量的时间消耗在这一方面，从而使学生对教学内容的学习时间相对减少。

（二）主动性体育教学模式

1. 主动性体育教学模式的建立背景

主动性学习是"以学生为中心的主题教学模式"，能促进学生个性化学习方法的形成和学生自主学习能力的发展。[①] 在现代教育中，学生是整个教学活动的主体，所以主动性体育教学模式能更好地引导学生通过思考体验来进行交流和合作，从而进一步发展自身的社会技能、社会情感及创造能力。在高校体育教学中，要想取得较为理想的教学效果，必须有良好的课堂环境和氛围作为保证。因此，主动性体育教学模式在这样的环境和需求下应运而生。

2. 主动性体育教学模式的指导思想

主动性体育教学模式的指导思想主要包括以下方面：

（1）培养学生的参与能力

只有让学生参与到教学活动中来，才能有机会使学生的主动性得到进一步发展。

---

① 杨汉春. 主动性体育教学模式的实验研究 [J]. 体育世界（学术版），2009（3）：102.

（2）培养学生的教学能力

引导学生站在教师的角度去思考问题，有利于提高学生的教学能力和主动性。

（3）培养学生的合作精神

使学生认识到团队合作的重要性，培养学生的团结合作精神，同时可创造出理解、尊重、宽容、信任、合作、民主的课堂氛围。

（4）培养学生的创新意识

教师应根据教学实际和学生的具体情况，有针对性地培养学生的创新意识和创造能力。

3. 主动性体育教学模式的优缺点

（1）主动性体育教学模式的优点

主动性体育教学模式的优点主要包括：体育教学中运用主题性体育教学模式能够实事求是、有针对性地发展学生的主体意识，有利于提高和发展学生的学习主动性和自我学习能力。

（2）主动性体育教学模式的缺点

主动性体育教学模式要求学生有一定的自觉性基础，并且要求学生具有自我设计教学计划、教学方法、教学手段、组织措施的能力，更要求学生的自学能力要强。否则，运用主动性体育教学模式就不会取得理想的效果。

（三）领会式体育教学模式

1. 领会式体育教学模式的建立背景

领会式体育教学模式是在 20 世纪 80 年代产生的。在当时，这种教学模式的运用主要是为了对球类教学的教学过程结构进行合理的改造，对新教程进行领会，试图通过这一教学模式对以往教学中存在的缺陷进行改正，以达到提高球类教学质量的目的。

2. 领会式体育教学模式的指导思想

领会式体育教学模式的指导思想主要包括以下方面：

第一，这种教学模式强调先尝试，后学习。

第二，在尝试的过程中了解学习运动技术的重要性，进而促进学生学习主动性的提高。

第三，强调先进行完整教学，然后再分解教学，在对分解后的各部分知识有所掌握后再进行完整的尝试，从而对学习前后的效果进行对比。

第四，竞赛是开展体育教学活动最主要的组织形式，有利于提高学生学习的积极性和实用性。

3. 领会式体育教学模式的优缺点

（1）领会式体育教学模式的优点

领会式体育教学模式通过先让学生初步进行体验，体会出学习正确动作的必要性，然后根据学生的实际情况，教师选择合理的教学方法来促使学生产生强烈的学习动机，进而将学生学习的积极性调动起来，提高学习效率。

（2）领会式体育教学模式的缺点

在尝试性比赛中，学生因对这项运动缺乏深刻的了解，很可能会使比赛无法顺利进行。在一些尝试性的比赛中，想避免这种情况的发生，可以通过降低难度和要求，使学生慢慢进入活动的角色，从而使比赛更为有序，以此来保证常识性比赛的顺利进行。

（四）发现式体育教学模式

1. 发现式体育教学模式的建立背景

发现式体育教学模式是指通过体育教师的指导，学生能够独立地研究和发现事实与问题，从而深刻地掌握相关原理和知识的一种教学模式。这种教学模式主要强调学生的直觉思维、内在的学习动机及教学过程三个方面。

2. 发现式体育教学模式的指导思想

发现式体育教学模式是教师对学生适当地进行引导，让他们运用主观思维进行积极的思考，独立发现问题、解决问题的普通高校体育教学发展与改革探究的教学方式。因此，这种体育教学模式的指导思想就是在体育教学中通过遵循学生的认知规律来考虑教学过程，体现以学生为主体、以学生为中心的思想。发现式体育教学模式的指导思想主要包括以下方面：

第一，着重增强学生学习的积极性和趣味性。

第二，调动学生思维的主动性，开发学生的智力。

第三，在以学生为主体的前提下，对学生进行指导。

第四，在将答案揭晓之前，让学生自己去探索问题的答案。

第五，对问题情境进行设置，并使学生投入到教学情境中的过程更为自然，对学生的学习热情与积极性进行激发与鼓励。

第六，可以提高学生学习运动技能的效率，使学生更深刻地领悟技能和知识，拥有更加牢靠的记忆。

3. 发现式体育教学模式的优缺点

（1）发现式体育教学模式的优点

发现式体育教学模式的优点主要包括：能调动学生学习的热情和积极性，提高学生的学习效率；有利于开发学生智力，提高学生智力水平。发现式体育教学模式非常重视学生的智力发展，通过在学习过程中设置问题情境，激发学生学习的好奇心，进而提高其智力水平。

（2）发现式体育教学模式的缺点

发现式体育教学模式的缺点主要包括：发现式体育教学模式会在问题的提出、讨论、解决等环节占用大部分的教学时间，从而使运动技能练习与巩固的时间相对减少，因此会对学生学习和掌握运动技能的效果产生影响；发现式体育教学模式还会受到不稳定因素的影响，所以从教学模式的评价来看，无法在短时间内与其他教学模式进行比较。

（五）选择式体育教学模式

1. 选择式体育教学模式的建立背景

在"健康第一"思想和新课程标准的影响下，为了更好地体现以学生为主体的教学观念，现代高校体育教学中出现了选项课。选项课的出现可以使学生在体育学习过程中根据自己的喜好和需要选择适当的项目学习。由于选择式教学模式具有较高的可行性和良好的教学效果，近年来在多所学校中已被普遍使用，并受到体育教育工作者的高度重视。

2. 选择式体育教学模式的指导思想

选择式体育教学模式可以使学生自主选择的优势得到充分体现，自主选择所要学习的内容、学习进度、学习参考资料、学习伙伴、学习难度等。这样才能提高学生的学习积极性，从而更好地对学生的学习能力进行有效的培养。

3. 选择式体育教学模式的优缺点

（1）选择式体育教学模式的优点

选择式体育教学模式的优点主要包括：学生自主选择学习内容，这不仅是学生主体地位的充分体现，而且有利于提高学生的学习兴趣；学生根据自身的兴趣和需求来选择学习内容，能够更好地培养学生的自觉性、学习热情、学习态度、情感体验、克服困难的意志力等，也能提高学生的责任感。

（2）选择式体育教学模式的缺点

选择式体育教学模式的缺点主要包括：根据目前相关教学实践来看，选择式体育教学模式虽然对有运动兴趣的学生有积极作用，但对于那些暂时还没有特别兴趣的学生在选择上会出现盲目性，这种教学模式在目前还不适用全体学生；由于受到技术难度、趣味性、运动量及考核评价等方面的影响，学习内容可能会导致学生功利性地选择运动项目，从而使选择内容不均等，不利于教学活动的顺利进行。

二、新型体育教学模式的构建与应用

（一）新型体育教学模式构建的参考依据

1. 参考体育教材性质

体育教学以教材为基本工具，体育教师教学、学生学习都要借助教材这一基本教学工具。体育教材也是体育教师与学生共同完成体育教学目标的内容载体。通常把体育教材分为以下类型：

（1）概括性教材

概括性教材中没有较难学习的运动技术需要学生掌握，对概括性教材进行讲解的主要目的是使学生对体育项目有简单的了解，培养学生体育学习的兴趣，促进学生的身心健康。学生在学习该类教材时主要注重体验乐趣，获取快乐，所以要构建并选用快乐式教学模式、情境式教学模式及成功教学模式进行教学。

（2）分析性教材

分析性教材中的运动技术具有一定的难度，对这类教材进行讲解的主要目的是提高学生的自主学习能力与创新能力，促进学生体育知识与技能的增长。学生在学习该类教材时注重培养学习与创造力，所以要选择构建主动性体育教学模式、发现式教学模式及领会式体育教学模式等进行教学。

2. 参考体育教学目标

体育教学模式构建与运用的关键是教学目标，体育教学模式需要体育教学思想与目标为其提供活力、指明方向。体育教学思想与目标也是区分教学模式的一个标准。体育教学目标在新课程改革之后有所变化，主要包括：提高学生运动参与能力与积极性的目标，促进学生身心健康的目标，促进学生正确掌握运动技能的目标，提高学生社会适应能力的目标。

3. 参考体育教学对象

体育教学活动离不开学生这一教学主体。体育教学活动中，学生是非常重要的一个组成部分，所以要针对不同学生的具体情况与特点对教学模式进行构建。学生的学习阶段按年龄大致可以分为小学、中学、大学三个时期。不同学习时期，学生的身体与心理情况有明显的不同，所以体育教学模式的构建要考虑到不同学习阶段学生的具体情况。

学生在大学时期，主要是接受专项体育运动教学训练，因此适合这一时期的体育教学模式有技能性体育教学模式和体能性体育教学模式的辅助作用，所以对这两种教学模式的构建极其重要。

4. 参考体育教学条件

体育教学模式不同，相应的教学条件也会有差异。不同地区或学校的体育教学条件具有明显的复杂性与差异性。以城市和农村地区为例，两个地区的经济水平差距很大，因此体育教学场所、设施与器材也有差距。针对这一情况，体育教师要实事求是，从实际出发，构建恰当的体育教学模式来完成教学目标与任务。农村学校的教学水平与条件有限，因此不适合构建并选用要求外部教学条件良好的小群体教学模式。

（二）新型体育教学模式的构建原则

1. 坚持教学目标、内容、形式、结构与功能的统一原则

从本质上讲，新型体育教学模式的建构是处理好高校体育教学活动中形式与内容、结构与功能的关键问题。所以，体育教师应该对各类体育教学课堂结构和形式的功能与作用进行全面分析，并以教学目标和条件为根据，对教学模式作出比较合理的选择。

2. 坚持统一性与多样性的统一原则

第一，体育教学模式构建的统一性是指在构建和创造体育教学模式时，继承中华人民共和国成立以来我国体育教学思想和成功经验。

第二，新型体育教学模式构建的多样性是指在开发和构建体育教学模式时应尽量实现多样化，避免单一化与程式化。

3. 坚持借鉴与创新的统一原则

体育教学模式要坚持创新与借鉴的统一性。这里所说的借鉴具体是指借鉴两方面的内容：借鉴国外的先进教学模式理论，借鉴国内的先进教学模式理论与成功教学经验。有机结合创新与借鉴，才能运用成功的经验。具体来说，统一借鉴与创新，就是要以正确的体育教学思想为指导，革新原有的、落后的体育教学模式，借鉴前人和他人的成功经验和理论，结合教学中的客观实际，提高体育教学的效率。

（三）新型体育教学模式的构建步骤

第一，明确指导思想。选择用什么教学思想作为构建模式的依据，使教学模式更突出主题思想，并具有理论基础。

第二，确定构建模式的目的。在明确指导思想的基础上，确立建构体育教学模式所达到的目的。

第三，寻找典型经验。在完成第一步的基础上，通过调查研究，寻找恰当的典型经验或原型作为教学案例。案例要符合模式构建的思想与目的。

第四，抓住基本特征。运用模式方法分析教学案例，对教学案例的基本特征与教学的基本过程进行概括。

第五，确定关键词语。确定表述这一体育教学模式的关键词。

第六，简要定性表述。对这一体育教学模式进行简要的定性表述。

第七，对照模式实施。对照这一体育教学模式具体实践教学，进行实践检验。

第八，总结评价反馈。通过体育教学实践验证，对实践检验的结果进行归纳总结。通过初步实践调整修正模式，并反复实践以不断完善。

（四）两种新型体育教学模式的构建与运用

1. 合作式体育教学模式的构建与运用

（1）合作式体育教学的基本原理。

首先，教学过程的发展性原理。每个学生都具有无限的潜力和可塑性，教学与教师可以最大限度地发挥学生的潜能。

其次，教育过程的人性化原理。合作教学提出教师要做到三方面，以保证人性化的贯彻与实施：热爱学生，使学生的生活环境合乎人性，在学生身上重温自己的青春。

再次，教学过程的整体化原理。教学过程就是要发挥学生的自然力与生命力。

最后，教学过程的合作化原理。在现实社会中，常常会发生学生希望成长，但也想玩儿，愿意学习，但不想失去自由的现象，因此教师就要做到与学生合作，并从学生的立场出发组织教学。

（2）合作式体育教学方法

合作教学需要有一种能激发学生兴趣的师生关系和一套能鼓励学生自愿参加教学活动的方法。具体方法如下：

一是教会学生思考。教学中，教师可以采用在学生面前一边出声地思考，一边解题，让学生耳闻目睹教师的思考和解题过程，或教师应该鼓励学生怀疑、反驳、论证此课题。

二是"夺取"知识。教师不应把知识填入学生的头脑，而应当让学生与教师"夺取"知识，并在这种"搏斗"中体会成功的快乐。

三是充分利用黑板。板书是师生双方交流的主要手段。

四是学习书面语言。

五是说悄悄话。说悄悄话是课堂提问的一种特殊方法。答案对与错，由教师给予奖励、安慰等评语，有利于保护学生的积极性与自尊心。

六是由学生当老师。教师应在教学中与学生一起做游戏，使学生感到自己从事的是自己愿意干的重要事情。

（3）合作式体育教学模式的构建

在体育教学活动中，合作教学模式的运用有利于学生合作意识与能力的提高，有利于学生交往、实践及协调能力的增强，也有利于学生个性发展和终身体育意识的形成。

一是构建程序。以体育教学大纲规定的教学时间与教学内容为主要依据，对上课时间进行合理的分配与安排。通常，在体育教学活动中，体育理论知识教学占总教学时间的25%，学生体育能力培养占总教学时间的30%，体育技战术教学占总教学时间的45%。体育课堂教学之前，教师要做好课堂教学计划，即教案。制订教学计划时，教师要加强与学生的合作，与学生一起探讨教学方法的选用。

二是明确教学目标。体育教学过程的第一环节就是要明确并呈现教学目标。这一环节中，体育教师的口头讲解与动作示范要有机结合学生的观察体验与思考，加强师生之间的沟通与交流。

三是对学生进行集体讲授。对学生进行集体授课时，体育教师要适当缩短授课时间，提高教学效率，从而留出更多的时间为下一环节做准备。教师要注意提高学生的学习积极性，善于运用一些新颖的问题使学生的注意力集中到课堂上。

四是加强小组合作学习。学生的学习主体性以及学生之间的沟通与交流是小组合作环节的重点。学生要在小组合作学习中积极发表自己的意见，提高自己的主动性、积极性以及创新性。

五是实施阶段测验。体育教师在学生学习一个阶段后，对各个学习小组进行阶段测验，从而对学生在这一阶段的学习情况与效果有一个初步了解。

六是积极反馈。在反馈阶段，体育教师要综合评价学生在这一学习阶段的具体表现。学生在小组合作学习中获取的知识比较零散，系统性较差，所以教师要正确引导学生归纳所学知识，使之成为一个系统的知识体系，便于学生掌握与记忆。小组测试也是反馈的一个重要手段，通过测试反映出学生学习的不足，从而有针对性地对学生进行纠正与完善。

（4）合作教学模式在体育教学中运用的注意事项

一是更新教学观念。合作教学模式在体育教学活动中的运用要求对传统的体育教学观念进行更新，对学生的重要性进行重新认识，重视学生的主体地位，引导学生充分发挥主观能动性，尊重学生的人格，教师在教学中要加强与学生的合作交流，以学生的具体情况为依据进行教学。

二是注重学生主体意识的培养。体育教师在体育教学活动中要想方设法激发学生的思维与学习热情，然后引导学生积极发现与探索新问题、新情况；在引导过程中，注重学生自主意识和独立能力的培养。教师要注重自身的引导作用，通过提问、质疑等手段，引导学生把注意力集中到课堂教学中。

2. 启发式体育教学模式的构建与运用

启发式体育教学模式指的是在体育教学活动中，教师以体育教学目标、教学规律以及学生的认知水平和年龄特点为主要依据，通过采取各种教学手段引导学生独立思考、积极主动地获取知识、解决学习问题的过程。解决教学中出现的问题、提高体育教学的质量，以及促进学生体育学习积极性的发展是体育教学模式的实质。

（1）启发式体育教学模式的构建

一是对问题情境进行创设。体育教师在对问题情境进行创设时，具体以体育教材的重点和学生的客观实际为依据。在创设问题情境的过程中，体育教师不仅要解决学生在学习中出现的问题，还要采取一定的方法与措施来引起学生的好奇心，使其主动提出疑问，并积极思考解决疑问，这样有利于充分调动学生的学习热情，有利于提高学生逻辑思考与客观分析及解决问题的能力。

二是采用直观教学手段。体育教师在对学生进行启发的过程中，要尽量采用直观的教学方法和手段，减少抽象概念的使用。直观手段具体是指多媒体、录像、图片等直观教具的使用。直观教学方法有利于学生学习兴趣的激发与提高，有利于学生以最简单的方式清晰地掌握学习内容。

三是采用多样化的练习手段。体育教师在引导学生进行练习的过程中，要以体育教学任务、目的和要求为主要依据，并要善于采取一些有助于启发教学的练习方式作为辅助学习的手段。除此之外，体育教师还可以以教材内容为依据，对多样化的练习手段加以运用，以此来促进学生学习兴趣的提高，同时提高学生的学习效率。

（2）启发式教学模式在体育教学中运用的注意事项

一是对教材重点与难点有所明确。体育教材的重点是学生要掌握的关键内容，教材的难点是学生不容易掌握的教材内容。教师运用启发式教学模式进行教学时要以教材重点为中心，通过口头叙述、动作示范等各种教学方式来引起学生对教材重点内容的思考。体育教师也可以针对重点动作进行演示，这样学生能比较容易地掌握教学内容。除此之外，教师还要重视学生的身心特点、认知能力和学习基础，遵循因材施教的教学原则，使每个学生的学习效率都能得到保障。

二是对多元评价体系进行科学构建。评价学生的学习过程或结果主要是为了总结学生的学习效果，对学生学习体育达到一种督促与激励的效果。合理的评价有利于提高学生学习的积极性和主动性。评价的实施步骤为：评价标准的确定——评价情境的创设——评价手段的选用——评价结果的利用。评价讲究合理，不要求过于死板地对标准答案有严格的限制，根据具体情况保留一定的评价空间。教师在对学生的学习技能作出评价的同时，要引导学生进行自我评价或学生之间互相评价。

第三节　大学体育教学模式的发展与改革

一、大学体育教学模式的发展趋势

随着我国高校体育教学的不断发展，高校体育教学模式也呈现出新的发展趋势，具体如下：

（一）教学目标情意化

在体育学习活动中，学生的智力因素和非智力因素所起的作用都是十分重要的。所以构建现代教学模式时，已经对传统的教学活动中对智力因素片面地强调，而对非智力因素的作用忽视的状况进行了改变，教学模式不再局限于以增长学生的知识、培养学生的能力等为目标，而是要进行情感教育、人格教育、品德教育及知识教育。在人本主义心理学所受的重视日渐加强的情况下，教学中更看重学生的情感陶冶，而情感活动往往是心理活动，因此这种教学模式能够有效培养学生的自立性、情感性和独创性。比如，情境教学模式、快乐体育教学模式等往往设有一定的问题情境，从而凸显出教学过程的复杂、新奇、趣味等一系列特征，在浓厚的兴趣、强烈的动机、顽强的意志等状态下，通过对体育知识技能的学习和掌握，更能够激发出学生的求知欲，因此体育教学的发展趋势有着很强的情意色彩。

（二）教学形式综合化

教学模式的形式向综合化发展是指体育教学模式的发展方向更注重课内、课外的一体化。因为课内学时与时间是有限的，所以培养学生的运动技能与锻炼身体的习惯非常重要，这对于终身体育的培养有着巨大的帮助。应当明确课内的任务主要是新知识点的学习和对错误的动作进行改进，所以要对课外的时间进行充分的利用。针对这个时间，学生要积极进行强化练习、过渡练习，并且对已学的知识与技术进行系统的复习与巩固，养成经常锻炼的习惯，从而使运动技能真正做到熟练化、自动化。

（三）实现条件现代化

当前课程改革非常重视信息技术在教学过程中的应用，因此需要将信息技术与学科课程整合到一起，使教学内容的呈现、学生的学习、教师的教学和师生互动等诸多方式的变革得以逐步实现，从而使信息技术的优势发挥到极致，使学生在学习和发展过程中能够获得丰富多彩的教育环境以及切实有效的学习工具。现代化信息技术在课堂教学中的广泛应用也必然能够使教学模式的实现条件逐步走向现代化。运用体育教学模式时加以现代教学手段的配合能够使学生在学习时将视觉与听觉有机结合，从而取得更好的教学效果。

（四）评价标准多元化

不同的教学模式需要用不同的方式进行评价。因此，随着教学模式理论基础越发扎实，并且由于教学实现目标的情意化趋势，体育教学模式的评价方式也必然会发生变化。单一的评价方式由于无法全面反映出一个模式的科学程度，因此必然会被多元化的评价标准所取代。

传统教学模式只重视终结评价所发挥的作用，而对于学生在体育学习和练习过程中的评价极为忽视，所以学生的学习兴趣、爱好及情感反应等方面的反馈都是不及时的。学生的期末考试成绩仅对学生某几项达标的成绩进行了记录，却没有体现学生学习的内在动机及认识层次的提高。所以当代的体育教学模式必然会逐渐重视多元化的评价方法，包括学生的学习过程评价、自我评价及单元评价等方面。

（五）相关研究精细化

进行理论研究就是要对实践研究进行指导，同时能够有效地总结实践。如果理论脱离了实践，那么对其进行研究将会毫无意义，但目前大多数的理论研究都存在这个问题。因此，要想加强研究的力度，取得更好的效果，就要将理论研究与实践研究相结合。

将理论研究与实践研究相结合，使教学模式的研究与理论的研究趋势实现同步，从而使其从一般教学模式研究逐步发展到学科教学模式研究，进而使课堂教学模式研究取得非常大的进展。课堂教学模式的研究趋势要更加精细化，具体来说，包括学期教学模式、单元教学模式、课时教学模式等。因此，精细化是现代教学模式研究发展的必然走向。

二、大学体育教学模式的改革重点

目前，常见的学校体育教学模式比较有限，但随着体育教学改革的不断推进和创新，还会有更多的教学模式出现，并在学校体育教学中得到应用。关于未来学校体育教学模式的改革，改革侧重点主要表现在以下方面：

（一）重视学生的主体性

传统的教学模式对教师主导作用的重视程度比较高，其将教学过程片面地归结于教师的"教"，而将学生的"学"忽视了，这就使学生在教学过程中处于被动地位，对学生主观能动性和能力的培养产生了一定的阻碍作用。

随着以学为中心的教学理论的发展，传统意义上的师生关系有了较大程度的变化，他们的地位和作用也有了一定的改变。"教师中心论"逐渐被"教师主导学生主体论"所取代。在这种新的教学观的影响下，体育教学模式也要进行一定的改变。具体来说，主要改革趋势为由教师中心教学模式向教师主导学生主体的教学模式转变。教师主导学生主体的教学模式，对于学生创新能力、自学能力、探索能力的培养较为有利，在一定程度上激发了学生学习的能动性和积极性。因此，可以将其作为体育教学模式的一个重要改革方向。

（二）保留演绎型教学模式

教学模式形成的方法主要有由概括实践经验而成的归纳法和靠逻辑生成的演绎法两种。从一种思想或理论假设出发，设计成的一种教学模式，就是演绎教学模式。演绎教学模式是从理论假设开始的，形成于演绎，其对科学理论基础非常重视。演绎教学模式不仅为人们自觉地利用科学理论作指导提供了一定的可能，还为主动设计和建构一定的教学模式达到预期的目的奠定了一定的基础。由此可以看出，演绎型的体育教学模式的发展是教学模式发展的一个重要趋势，是与教学理论的发展和研究方向相符的，因此改革中要注意保留演绎型的体育教学模式。

（三）注重学生能力的培养

现代社会科学技术发展迅猛，知识增长迅速，终身教育普及和竞争压力不断加大，这些都对人们的能力提出了更高的要求，单一的知识积累已经不能使当今社会的需求得到满足。因此，在体育教学过程中，必须在教学模式上进行一定的改进，这样才能更好地培养学生的运动能力、创造能力、自学能力和社交能力。

第四章　大学体育教学方法探索与发展

第一节　大学体育教学方法概述

作为实现体育教学目标、开展体育教学活动的主要途径和手段，体育教学方法的体系建设与体育教学目标实现的程度有着直接的关系，体育教学方法的科学与创新性对体育教学的质量也有着决定性的影响。

一、大学体育教学方法的发展阶段

体育教学方法是在体育教学现象出现以后才产生的，但这并不意味着其产生于课堂体育教学之后。在民间传统体育的传授过程中，一些教学方法就已经得到了普遍的应用，只是当时人们对教学方法还未形成一个科学和系统的认知，因而没有对其进行深入的研究。所以，现代意义上的体育教学方法是在现代体育教学产生以后才出现的，其时代性特点较为突出。可以将体育教学方法的发展历程分三个阶段来研究，具体如下：

第一，体操和兵操时代。在传统社会中，体育运动发展的一个重要助推力就是军事战争。在封建社会和资本主义社会的早期，为了使士兵的作战能力不断提高，会要求士兵进行体育运动方面的训练。这时，体育教学方法以训练式和注入式为主，相对而言比较单调。训练式和注入式的传统教学方法对大运动量的不断重复作了特别强调，主要就是通过苦练来增加士兵的运动记忆，并促进其体能的不断增强。

第二，竞技运动时代。竞技运动项目在近代的大量增加是其快速发展的集中体现。这一时期，竞技运动以公正、平等为指导思想，并且将众多的文化因素融入其中，表现出了勃勃的生机和充沛的活力。竞技运动的发展对运动员的运动技能提出了较高的要求，而如果只是一味地苦练，很难与这一要求相适应，因而改进体育教学方法势在必行。这一阶段，体育教学效率有了明显的提高，一些新的体育教学方法，如演示法、观察法以及小团体教学法等开始逐步出现。

第三，体育教育时代。随着体育运动在现代社会的不断发展，体育运动日益成为学校教育的重要组成部分。作为一种文化现象，体育的内容也得到了极大的拓展。健康教育、心理训练、安全教育、体育咨询、体育培训等方面的知识在体育运动中都有涉及，体育的知识和技能都得到了快速且全面的发展。体育教学内容的丰富与拓展直接推动了人们对体育教学方法研究的不断深入。体育教学方法的深入研究要求学生要对相应的体育知识和技能加以掌握，要求学生全面发展，即身体素质、心理健康、运动欣赏能力等都得到提高与发展。现代社会，科学技术的发展也取得了大量的成果，因而直接促进了一些新的体育教学方法的产生。计算机、录像、电影等多媒体技术的发展，使运动表象和感知等方法得到了快速的深化发展。至此，现代体育教学方法的发展向着科学、规范、更高层次的方向迈进。

新的体育教学方法的产生与发展并不意味着传统体育教学方法的消失。在不同的时代背景下，都会有与这一阶段生产力和科学文化水平相适应的体育教学方法出现。这些新的顺应时代发展潮流的体育教学方法与传统体育教学方法相互结合，相互借鉴，共同推动体育教学的改革与发展。体育教学方法是随着时代的变革而不断发展的，且随着教学环境、教学对象和教学内容等教学各要素的发展，体育教学方法也逐渐呈现出不同的阶段性发展特点。

二、大学体育教学方法的组成要素

组成体育教学方式与方法的要素有很多，主要可以归纳为以下方面：

第一，目标要素。体育教育方法必须要有一个指向的教育目标。目标作为体育教育的基础，没有它也就没有方法可言。教学方法主要是为教学目标而服务的。

第二，语言要素。语言要素包括多种形式的语言，如口头语言、肢体语言等。

第三，动作要素。动作要素包括身体各种运动动作。在体育教育的本质中提到过，体育是以人的身体训练为手段的活动，所以身体训练是必不可少的，这是体育区别于德育、智育的主要特点。

第四，环境要素。环境要素包括学校的地理位置以及气候、风土等自然现象。此外，还包括配合教学活动而采用的体育器材与场地设施。

三、大学体育教学方法的基本特点

（一）继承性

体育教学方法具有历史继承性，在长期的体育教学实践中，人们为了促进教学实效性的提高，对教学方法的探讨与研究非常重视，并且积累了较为丰富且宝贵的实践经验。有些教学方法是体育教学客观规律在一定程度上的反映，至今仍具有广泛的影响力，值得我们对其进行认真的总结与整理，并对其合理的部分进行借鉴。任何新的体育教学方法要绝对地从零开始都是不可能的，它必然是借鉴多方面传统教学方法的结果，并在新的历史条件下将新的内容赋予其中，使其具有更新的意义与更显著的价值。

（二）双边互动性

任何一种体育教学方法都是教师指导学生学习这一双边活动的方法。它是由教师教和学生学组合而成的。具体来说，在体育教学方法的实施过程中，教师教的方法对学生学的方法具有一定的制约性影响，学生学的方法也对教师教的方法产生影响。所以，师生在体育教学中相互联系、相互作用和相互统一活动的特点在体育教学方法中有着充分的体现，不能错误地将体育教学方法理解为教师教的方法与学生学的方法的简单相加。

（三）多感官参与性

在体育教学过程中，所有参与者都必须将自身的各种感觉器官充分调动起来。在教学活动中，教师和学生不仅要通过视觉与听觉来对信息进行接收，还要在中枢神经系统的指挥下，运用身体的触觉、位觉、动觉等来进行动作的示范和练习。通过本体感觉来对机体在做正确动作时动作的用力大小、运动方向、动作幅度等进行感知，以对正确的动作定式进行体会，从而对机体完成动作进行有效的控制。这些也都充分体现出了体育教学方法的多感官参与性特点。

（四）感知、思维和练习的组合性

体育教学活动中，学生需要动员多种感官来接收教师发出的信息，这是由体育教学目标和教学程序共同决定的。学生利用大脑皮层对教学信息进行接收，并经过大脑的分析、加工和处理后以指令的形式对机体进行指挥，从而使机体顺利完成相应的动作。在这个过程中，学生需要充分运用感知、思维，并进行不断的练习。感知是学习的基础，思维是学习的核心，练习是学习的

结果。体育教学方法将感知、思维和练习三个环节紧密结合在一起，将体育教学过程的认识与实践、心理与身体有机结合的特点充分体现出来。

（五）运动与休息的交替性

在体育教学活动中，个体的身体活动和心理活动之间有着非常紧密的联系。学生通过感知动作及思考、记忆、分析等心理活动，对动作技术和运动技能进行掌握。教学过程中，学生生理和心理难免会承受一定的负荷，当这种负荷持续不断地作用于学生的机体后，学生必然会产生运动性疲劳。疲劳现象会使学生的学习兴趣和学习效率降低。所以，教师要运用合理的体育教学方法，对运动锻炼的间歇时间作出合理的安排，要做好运动与休息的科学调配，唯有劳逸结合才能提高教学效率。

四、大学体育教学方法的现实意义

体育教学方法在体育教学活动的构成系统中居于非常重要的地位。体育教学方法不仅在教学活动的开展过程中发挥着重要的作用，而且即使教学活动结束之后，教学方法的影响依然不会在短时间内完全消失，这是体育教学内容、环境等其他构成要素所无法比拟的。具体来说，体育教学方法具有如下意义：

第一，促进教学任务的完成。体育教学方法在体育教学活动中是体育教师与学生双方互动的主要连接点。科学有效的体育教学方法有利于将体育教学活动中的两个重要主体（教师与学生）紧密连接起来。这一连接有利于促进体育教学目标与任务的顺利完成。倘若缺乏科学有效的体育教学方法，将难以使预期的体育教学目标顺利实现，也无法使教学任务高效地完成。

第二，促进良好体育教学氛围的营造。科学合理的体育教学方法可以促使学生参与体育学习的积极性不断提高，促使学生学习兴趣不断高涨，也有利于良好教学氛围的营造。良好的教学氛围反过来又可以感染学生，引导学生主动进行学习，从而形成一种良性循环。体育教学方法的科学运用对于促进学生对体育教师的信任度的提高非常有效，教师一旦赢得了学生的信任，就很容易引导学生学习体育课程，因而和谐的体育教学气氛就会形成。

第三，促进学生身心素质的全面发展。体育教师选用教学方法容易受科学思想的感染与熏陶，因而所采用的方法必然具有一定的科学性。采用科学恰当的教学方法进行体育教学，对于促进学生的身心全面发展非常有益。相反，倘若教师在教学过程中选用的是不具备科学性与不恰当的教学方法，就会对学生身心的健康发展造成制约。我们可以将体育教学活动中体育教学方法的实施过程看作是学生对体育运动技术进行体验与锻炼的过程。所以，教师不仅要向学生传授体育方法论的相关知识，也要对学生的训练实践进行引导，促进学生身心的全面健康发展。此外，科学的体育教学方法对于培养学生的丰富情感、锻炼学生的意志品质也是非常有益的。总之，学生的全面发展直接受体育教学方法的影响。

第四，促进体育教学质量的提高。科学的体育教学方法能够通过充分调动各种有利的因素来促进学生学习兴趣与热情的不断提高，引导学生将其主观能动性充分发挥出来，从而促进学生学习效率的不断提高，最终促进体育教学质量的优化。

第二节　大学体育教学方法的选择

一、常见的体育教学方法

（一）大学体育语言教学法

1. 讲解法

作为一种基础的语言教学方法，讲解法在大学体育教学过程中的运用最多、最广泛。几乎整个体育教学过程中都会运用到语言讲解的教学方法。体育教学中，教师通过语言描述的方式向学生说明教学的任务、内容、要求、动作名称、动作要领等，以达到预期教学效果的方法就是讲解法。这种教学方法一般在体育教学的初期具有非常重要的作用。在初步学习技术动作时，体育教师需要先通过讲解法向学生描述这一技术的基本动作和难点、要点，使学生对该动作技术形成一个初步的认识和了解，从而为进一步的学习与练习奠定一定的基础。教师在对讲解法进行运用时，要对该方法的科学性和艺术性特点予以一定的重视，以促进该方法运用效果及整个教学效果的提高。教师应在教学过程中不断进行经验的总结，在语言表达上要做到精益求精。

大学体育教师在运用讲解法进行教学的过程中，应注意以下方面的要点：

第一，有目的地讲解。在对讲解内容、方式进行选择，对讲解语气、速度进行调整时，教师应依据学生的特点、教学目标和教学内容来进行，抓住讲解的重点和难点。

第二，注意所讲解的理论知识要准确、权威，所讲解的技术内容要与技术原理相符，并充分考虑学生的接受能力。

第三，讲解的方式和广度要以学生的实际情况为依据来调整。

2. 口令法

有确定的内容和一定的顺序与形式，并以命令的方式对学生活动进行指导的一种语言教学方式即为口令法。在体育教学活动中，对口令法进行运用一般出现在队列练习、队形练习、基本体操、队伍调动等活动中。在具体运用中，教师应准确、清晰、洪亮、及时地发出口令，并注意从人数、形式内容、对象等特点出发，对自己的语调、语速进行控制。

3. 指示法

大学体育教师通过简明的语言来指导学生进行活动的语言教学方法即为指示法。教师在对指示法进行运用时，应注意做到准确、简洁、及时等，且尽量用正面词。指示法主要有以下两种运用形式：

第一，在学生练习时未能意识到的、关键的动作中运用。

第二，在组织教学中运用，如场地布置、器材整理等。

4. 口头评价

大学体育教师在一定的标准和要求下，对学生的练习或比赛进行一定客观评价的方法是口头评价教学法。教师对学生掌握运动技能和思想作风等方面的情况所作出的反馈，集中通过口头评价反映出来，通常在学生结束练习后马上进行指导或提出新要求。因为学生一般对动作的记忆大多是在大脑皮层的短时间储存，因此教师的口头评价最好在学生完成动作后进行，这样效果更好。

（二）大学体育直观教学法

大学体育教学中，教师通过实际的演示或外力帮助，借助学生的视觉、听觉、触觉、肌肉本体感觉等器官来对动作进行直接感知的教学方法为直观教学法。一般将体育教学中常用的直观教学法细分为以下具体方法：

1. 动作示范法

大学体育教学中，教师为帮助学生对技术动作进行认识和了解，经常使用动作示范法。具体就是教师以具体动作为范例，帮助学生对动作规范、结构、要领和方法进行直观的掌握。学生通过观看教师正确优美的动作示范，建立正确的动作表象，学习的兴趣也会因此而提高。教师在运用直观教学法进行教学的过程中，应着重注意以下方面：

第一，教师在示范时，不要一味展示自己的技术水平，要明确示范是要达到什么目标，要使学生从中获取什么信息，要考虑如何示范才更容易使学生更清楚动作要点。

第二，注意对动作示范位置与方向的选择。教师要先让学生按照一定的队形排列，然后根据该队形的特点来选择示范的位置与方向，教师进行这一选择的关键就是要让全体学生都能观察到自己的动作示范。

第三，教师的示范动作要准确、熟练、轻快、优美，从而激发学生的学习兴趣。

第四，示范的过程中，配合语言讲解。因为如果单纯示范，学生不容易对其中的要点进行把握，这时就需要教师通过语言讲解来提醒学生哪些是重点、哪些是容易出错的地方。

2. 多媒体教学法

随着现代化技术的不断进步与发展，越来越多的现代化技术逐渐被运用到体育教学中来。多媒体教学法就是在此环境中被广泛运用的，它是教师通过给学生播放幻灯片、投影、电影、电视、录像等进行教学的方法，这种教学方法的主要特点与优势就是生动、形象、真实。

在运用多媒体教学法的过程中，教师应注意在综合考虑教学目标及学生特点的基础上选择适宜的电视、电影、录像等内容来播放。如果将电视、电影、录像等的播放与讲解示范练习有机结合，将会收到更好的教学效果。边播放边讲解，或适当停顿讲解，学生可以获得直接的思维感受。

3. 条件诱导法

以某种条件为诱因，同时与体会动作相联系，达到直观作用的方法就是所谓的条件诱导法。例如，长跑项目教学中安排一名领跑员，不仅有利于形成长跑中的一种带领性的速度感，而且对队友间的相互保护也有利。牵引性的助力和对抗限制性的阻力，能较快地使学生对完成动作的时间感与空间感进行建立。此外，为了使某些动作更富有节奏感，还可以通过采用音乐伴奏或借助节拍器的音响来达到这个目的。

4. 直观教具与模型演示法

教师在体育教学中难免会用到一些教具和模型来进行辅助性的教学，这些教具与模型都是具有直观性特征的，如挂图、图表、照片等，通过这些用具来对教学内容进行讲解，有利于帮助学生建立正确、完整的动作表象。

教师不仅可以采用教具让学生进行长时间的观摩，还可根据情况对某个细微的环节进行突出的强调，因此教师应将图表、模型和照片等直观教具充分利用起来。采用教具与模型演示方法对于帮助学生直观了解技术动作的全过程非常有效。此外，教具、模型的演示还可以吸引学生的兴趣与注意力，从而提高教学效率。

5. 助力教学法与阻力教学法

在大学体育教学过程中，体育教师借助外力使学生通过触觉和肌肉的本体感觉对正确的动作用力时机、用力大小、用力方向、动作时空特征等进行体验的教学方法就是助力与阻力教学法。体育动作的技术教学环节一般会比较多地采用助力与阻力教学法，这是一种能够帮助学生对正确技术动作进行有效掌握的直观教学方法。

6. 领先教学法与定向教学法

（1）领先教学法

教师通过对具体的动态视觉信号加以利用，来给学生提供相关指示的教学方法为领先教学法。例如，在体育教学过程中，教师可以对动态的、超前的视觉信号进行利用，给学生施加相应的刺激与激励，帮助学生将技术动作顺利完成。

（2）定向教学法

教师通过利用具体的静态视觉标准来给学生提供相关指示的教学方法就是定向教学法。例如，在体育教学中，教师为了向学生指示动作的具体方向、轨迹、幅度等，对标志物、标志线、标志点等进行合理的运用。

（三）大学体育分解教学法

大学体育教师在教学中，将完整的动作技术合理地分解成几个部分，将动作的各部分逐个教授给学生，学生对各部分动作都熟悉后，再完整地向学生教授整个动作技术的教学方法即为分解教学法。把动作技术的难度相对降低，便于学生掌握教学重、难点，便于突出教学重、难点，从而提高学生的学习自信是这种教学方法的主要优点。学生难以对完整动作进行领会，有可能只是单独掌握一些局部和分解动作是这一教学方法的不足之处。运用分解教学法时，应注意以下三点：

第一，体育教师要采取相对合理的分解方式分解动作，具体应根据动作技术的特点进行。

第二，体育教师对动作技术的段落与部分进行划分时，还要对各部分之间及各段落之间的有机联系进行考虑，尽可能保持动作结构的完整性。

第三，对于完整动作中各部分与各段落的地位与作用，体育教师应有所明确，并为最后的动作组合做好准备。

（四）大学体育完整教学法

完整教学法是大学体育教师在教学过程中从开始到结束不分解动作，完整地对动作进行传授的教学方法。它主要可用于三个方面的教学中：第一，动作结构较为简单，对于协调性没有过高要求，方向线路变化较少；第二，动作虽较为复杂，但各部分间密切联系，不宜对其进行分解；第三，虽然动作较为复杂，但学生储备了足够的运动能，拥有较强的运动学习能力。用于应该分解而又不易分解的动作时，容易给教学造成不良影响，这是完整教学法的不足。

具体的大学体育教学实践中，完整教学法的运用主要有以下方面的注意事项：

1. 直接运用

在对一些较为简单、容易掌握的动作进行教授时，教师进行讲解与示范后，指导学生直接练习完整动作。

2. 从教学重点进行突破

例如，体操或跳水运动中有一些空中翻腾动作，教师虽然不能对其进行分解，但对于其中的动力、动作时机和动作要领等要素，教师还是可以进行一一分析的，或用辅助的方法使学生体会动作感觉，并进行重点练习。

3. 降低难度

在完整练习时，减轻投掷器械的重量，降低跳高横杆的高度，缩短跑的距离与降低速度，或徒手完成一些本来持器械的完整动作等。

（五）大学体育预防与纠正错误教学法

在大学体育教学过程中，学生因为各种原因而产生这样或那样的错误动作是在所难免的。如果没有及时发现和纠正这些错误动作，那么学生就很容易形成错误的动力定形，从而对其掌握正确的技术动作和技术水平的提高造成消极的影响，更严重的还会造成运动损伤。因此，在体育教学中，教师必须采取积极有效的措施来对学生出现的一些错误动作进行纠正。

体育教学中运用预防和纠正错误教学法主要有以下常见的形式：

第一，降低难度。在体育教学过程中，学生体能素质较低、心理紧张、认识不足等原因都会导致动作的错误。对此，教师可通过降低动作难度来避免这一现象的发生。具体来说，教师可采用改变练习条件、分解完成动作等方式来对技术动作的难度进行调整。降低难度可以使学生将技术动作轻松地完成，从而促进其自信心的增强。

第二，外力帮助。学生感受正确动作的方法为外力帮助法。在体育教学课上，如果学生在学习动作时对用力的部位、大小、方向及幅度等不清楚，就很容易作出错误的动作。这时教师可通过对推、拉、托、顶、送、挡等外力的运用来帮助学生对正确动作的本体感觉加以体会，最终达到纠正错误的效果。

第三，强化概念。在学习过程中，学生正确理解概念可以有效促进其在大脑中形成正确的动作形象。教师在体育教学实践过程中，应注意通过采用讲解、示范、对比等方法来促进学生正确动作概念的不断强化，促使学生正确动作表象的顺利形成，使学生对正确与错误动作的差异和区别有所明确，使学生主动避免错误或及时纠正错误。

第四，转移练习。在体育学习中，学生的恐惧、焦虑心理或受旧运动技能的影响也会使其出现错误动作。针对这种情况，教师应及时转移学生的练习注意力，通过采取变换练习内容的方法，利用一些诱导性和辅助性的练习，促使学生摆脱已经形成的错误动作定式，进而促进正确的动作定式的形成。

第五，信号提示。信号提示指的是学生在学习与训练技术动作的过程中，由于用力时间或用力方向不当而表现出错误的动作时，教师及时给予信号指示，帮助学生改正错误动作。听觉信号、口头信号、视觉信号等都是教师具体采用的信号提示方法。此外，标志线、标志点、标志物等也有利于帮助学生对错误动作的预防与纠正。

二、大学体育教学方法的科学选用

（一）大学体育教学方法的合理选择

1. 体育教学方法合理选择的依据

（1）依据体育教学目标进行选择

体育教学目标具有多层次性的特征，具体体现在身体发展目标、知识发展目标、技能发展目标、社会发展目标及情感发展目标等方面。为了促进这些不同层次教学目标的实现，教师应对不同的教学方法加以采用。在体育教学中，教学目标并不是孤立的，它是多种目标的综合，而每一单元、每一堂课目标的侧重点是不同的。所以，在教学过程中，教师应以具体的课堂教学目标为依据，对重点发展某一方面的教学方法进行合理选择。体育教学总目标是通过一个个课时教学目标的逐步实现而最终实现的。课时教学目标具有一定的指导性，而且其包含着丰富的内容，既有运动技能和运动理论方面的内容，也有心理和品质、品格方面的内容。针对这些不同内容的教学目标，教师应选择与之相适应的科学教学方法来进行具体的教学。

（2）依据体育教材内容进行选择

体育教学内容与教学方法之间密切联系，针对不同的教学内容，应采用不同的教学方法。如对于理论方面的内容，适合采用语言教学法；对于实践方面的内容，适合采用直观示范教学方法。可见，教学方法的选择受不同性质的体育教学内容的影响。同一种教学方法运用于不同教学内容上会产生不同的效果。所以，体育教学过程中，教师应注意对教学方法的灵活选择。

（3）依据教师的自身条件进行选择

体育教师作为体育教学方法的实施者，其素质对教学效果与质量具有直接的且非常重要的影响。倘若体育教师自身的能力和素质水平较低，则其难以将体育教学方法应有的作用很好地发挥出来，从而制约教学活动的顺利进行。教师在选择相应的教学活动时，应对自身的专业素养能力水平及教法特点有着客观的理解。

一般而言，体育教师需要对众多的教学方法进行熟练掌握，这样才可以从自身及学生的实际情况出发，对最佳的教学方法进行选择。不同教师根据学生实际状况采取同样的教学方法，也会得到不同的教学效果。可见，教师自身条件极大地影响着体育教学活动。所以，教师要有意识地提高自身的素质，优化自己的教学风格，对更多的教学方法加以尝试与熟练运用。

（4）依据学生的实际情况进行选择

在体育教学过程中，教学方法的实施主要以学生为对象，促进学生更好地学习是运用各种不同教学方法的最终目的。在选择相应的体育教学方法时，应与学生特点及其实际情况（如年龄特点、性别特征、身心发育状况以及相应的知识储备和学习能力等）相符合。

（5）依据体育教学物质条件进行选择

在体育教学活动中，体育教学物质条件对教学方法的选用有很大程度的影响。学校的体育教学器材、场地以及设施等都属于教学条件的范畴。倘若学校拥有全面且先进的教学条件，那么体育教学方法的功能与作用就可以得到良好的发挥。相反，倘若教学条件不全面，则会直接影响体育教学方法的作用与价值的充分发挥。

例如，在背越式跳高的教学中，采用海绵块练习的效果要优于采用沙坑练习，主要是因为海绵块相对较为干净，比较安全，学生在海绵上练习不会有很大的心理负担，而且神经系统兴奋性会处于较高的水平。在体育馆内进行体育教学，能够避免受到周围环境的影响，能够促进体育教学方法使用效果的提高。对现代化体育教学手段的充分运用，能够使教师动作示范中的某些缺陷得到有效的弥补，从而促进体育教学质量的提高。所以，体育教师在对教学方法作出选择时，要对体育教学物质条件进行充分的考虑。

（6）依据不同体育教学方法的功能与适用条件进行选择

不同的体育教学方法拥有不同的特点功能、适用条件与范围，而且不同的教学方法都具有自身的优点与不足。在体育教学活动中，各要素组合的合理性对体育教学方法的作用与价值的充分发挥具有非常重要的影响。有时，一种教学方法可能适合在某个体育项目的教学中采用，而且效果良好，但不适宜在其他项目的教学中采用，因为会产生制约教学活动顺利开展的影响。同样的道理，对于某一教学内容的教学，有些教学方法是合理且能够产生正效应的，而有些就会产生相反的作用。

例如，谈话法是对新知识进行传授的主要方法，这一方法使用的前提与基础是教学对象已有知识与心理方面的准备，倘若没有做好准备，则采用这一方法所预期的理想效果就不会出现。讲授法能够将大量的系统知识在短期内传授给学生，有利于体育教师主导性的发挥。然而，学生的主动性与创新性在这一方法中难以得到充分的发挥。所以，体育教师在对教学方法进行选择时，对于不同教学方法的功能、应用范围和条件等，一定要进行认真的考虑与分析。

2. 体育教学方法合理选择的要点

（1）加强师生之间的协调配合

在体育教学过程中，为了实现预期的教学目标，教师和学生必须进行默契的配合。体育教学活动中，没有"教"的"学"和没有"学"的"教"都是不存在的。因此，无论采用何种教学方法，都应考虑"如何教"和"如何学"。在传统体育教学中，一味以教师为中心，选用教学方法也只对教师"如何教"的问题比较重视，而直接忽略了学生在教学过程中的作用。例如，教师在示范动作时，只对动作的优美和协调性比较重视，而没有考虑学生的感受，从而使学生的学习效果不佳，影响教学质量。因此，体育教学方法的选择应注意考虑师生双方的默契配合，避免两者相脱节。

（2）加强不同学习阶段的前后配合

学生在体育教学过程中，不同的学习阶段会有不同的学习特点产生。教师选择体育教学方法应对学生学习知识的不同阶段的前后配合予以考虑。例如，在学生的动作学习过程中，教师应注重指导学生从"模仿型"向"创造型"过渡，并实现二者的有机结合。学生的学习过程也是对学习内容不断了解与掌握的过程。在初步学习阶段，往往以模仿学习为主，之后，学生就会形成动作定式而完全摆脱模仿，从"模仿型"过渡到了"创造型"。这两个阶段之间具有一定的联系，又相互区别。因此，在对教学方法进行选用时，应有意识地使二者之间的互相代替、割裂得到有效避免。

（3）加强学生内部与外部活动的配合

学生的学习过程是内部活动和外部活动的统一。学生的心理活动以及相应的生理、生化反应等属于内部活动；学生的动作质量、情绪、注意力等属于外部活动表现。教师在选择相应的体育教学方法时，应注重学生内部活动与外部活动之间的配合。教师应善于分析学生的内外活动变化，有机结合、指导学生外部活动的方法与激发学生内部活动的教学方法，以使学生能够自觉地进行体育学习。

在体育教学方法的选择过程中，教师还应对多种教学方法进行对比与分析，从而将最佳的教学方法确定下来。此外，对于不同的教学方法适用于哪些教学内容、可以解决什么教学问题、能够对什么教学对象起到积极作用等，都是体育教师需要考虑的问题。

（二）大学体育教学方法的科学运用

1. 体育教学方法的优化组合原则

（1）启发性原则

不管是采用哪一种形式的教学方法，都应该考虑其是否有利于调动学生的学习积极性和主动性，是否可以促进学生进行积极的思考与自主的探索，是否可以促进学生各方面素质的全面提高。在体育教学活动中，对教学方法的优化组合还要注重对学生学习兴趣和动机的培养，从而使学生的自主思维得到充分的发挥。

（2）最优性原则

教学方法不同，自然就具有不同的特点、功能和应用范围，而且各自的优势与不足也有差异。因此在对教学方法进行组合运用时，不同体系的综合教学方法会因此而形成，每一套教学方法的特点也各不相同。对此，教师在进行体育教学方法的优化组合时，应以实际需要为依据，对最符合实际情况的一套教学方法进行选择。教师在教学方法的选择中，应从整体入手，将各种适应相关教学内容的教学方法进行有机的结合，从而将教学方法体系的整体功能充分发挥出来。

（3）统一性原则

统一性原则要求教师在对相应的教学方法进行选择时，应注重"教"与"学"双边活动的统一，并强调二者的密切结合与相互促进。如果只重视其中的一项活动，则难以使教学活动达到预期的开展目标。另外，贯彻统一性原则还要求体育教师在教学过程中尽可能地将教学方法的多种功能充分发挥出来，从而提高学生各方面素质。

2. 体育教学方法运用的注意要点

（1）全面考虑影响体育教学方法运用效果的因素

体育教师在对体育教学方法进行科学运用时，为了加强教学效果，应全面分析对教学方法运用效果产生影响的各方面因素。具体涉及的因素有教师自身、学生以及教学条件与环境。在体育教学过程中，体育教师的知识储备、人格魅力及教学技艺等会对教学方法的运用效果产生不同程度的影响。所以，全面提高教师的素养对于教学方法使用效果的提高非常有益。

体育教学是教师与学生共同参与的活动，学生因素对教学方法运用的效果同样会产生举足轻重的影响，教师应注重鼓励学生发挥主观能动性。除教师和学生两方面的影响因素外，体育教学的物质条件和环境也会对体育教学方法的运用效果产生一定程度的影响。体育教学在强调教学主体因素的同时，要重视对良好教学条件的提供与教学环境的优化。

（2）注重有关体育教学方法理论的运用

体育教学的理论源于实践，但又高于实践。在运用体育教学方法的过程中，教师不仅要注重实践方面的问题，还要重视在理论方面的积极探索。如果对相关理论的研究具有片面性，那么体育教学的方法也会相应表现出片面的缺陷。在体育教学实践中，对体育教学方法的相关理论基础进行探索，应综合考虑辩证唯物主义与唯物辩证法的基本观点、系统论原理、教育学、心理学有关学科理论知识、普通教学论和体育教学论等所有相关的内容。

总而言之，在体育教学过程中，教师应树立新的观念，运用新的理论对体育教学工作进行指导，不断促进体育教学方法的改革与发展，将各种教学方法的效用充分发挥出来。

第三节　大学体育教学方法的创新应用

一、多媒体技术在大学体育教学中的应用

多媒体是当今信息技术领域发展最快、最活跃的技术之一。关于"媒体"这一词条含义，一方面包含如半导体储存器、光盘、磁带与磁盘等储存信息的实体，另一方面也包含如文字、声音、图形与数字等能够传递信息的虚拟载体，所以多媒体一般可理解为多种单媒体的综合。

（一）提升重视程度，加大资源投入

加强对大学生的身体素质教育是关系到国家未来发展的大事。大学体育课程在培养学生良好的身体体能素质的同时，还承担了培养学生树立良好的世界观、人生观、价值观与体育观的责任。所以，持续巩固大学体育课程的稳固地位是落实现代教学课改精神的政策砝码，学校应领会现代教育改革的未来走向，转变师生的教学观念，在推进多媒体教学发展的过程中，用现代化教学模式引导师生互动。

对此，学校相关领导应重视培养学生自学能力与身体素质的重要任务，

与相关部门商讨并督促进程，加大引进多元化的教学资源力度，加快硬件设施配备与软件技术水平提升。作为学校的领导，对学校各项规章制度有着决策权，学校教学制度、教学目标、教学任务、教学进度都受学校领导的审批。学校领导对多媒体辅助体育教学的重视程度决定了其在学校开展的效果。只有引起高度的重视，才能发展得长远。

实行教育改革首先考虑的就是资金投入问题。经费对于改革的实施起着保障的关键作用，资金投入的欠缺将直接影响多媒体教学的充分发挥，教学设备也难以得到配备保障。大学体育教学若与多媒体技术结合，硬件设备的不足会使教学工作无法开展。因此，高校管理部门需重点关注硬件设施与配套方面，加大体育专项投资力度，拓宽投资渠道，通过申请拨款、企业赞助或社会捐赠的专项资金进行专款专用，根据教学需求与资金来源渠道推进多媒体教学设施的配备，做到多媒体教学设备齐全。

一些高校的建设面积普遍较大，校方可建设与大学体育教学相关的小型操场和室内多媒体训练场地，专业化的多媒体教学教室能够保障多媒体教学方式与训练内容同步进行，为师生营造良好的现代化多媒体教学环境；教育部门要为教师培训提供经费保障，提升大学体育教师的整体素质与多媒体业务水平，保证教学质量。而且，在高校完善多媒体设备的同时，校方还需加强多媒体设备与资源的管理工作，应切实考虑各个方面，由专人负责做到定期检查与设备保养，发现故障及时维修，准确记录设备配备与更换情况，完善教学设备使用管理条例，精简教师使用设备手续与流程，在硬件设备配备齐全后做好一系列防护和解决保护措施，保障多媒体教学资源在大学体育教学中的有效利用。

（二）重视培训规划，媒介素养先行

大学体育教学中运用多媒体技术的最重要原因在于，大学体育教师可以通过多媒体技术的使用，将网络上或其他与大学体育教学相关的多样化教学资源与大学体育教师的教学相结合，以丰富大学体育教师的教学过程，提高高校学生学习体育课程的积极性。在新时代背景下，教师作为教育信息化持续发展的重要保证，作为推进多媒体技术运用与教学工作相结合的主要力量，自身迫切需要具有较强的应用能力，充分利用网络教学资源、全面提高教学质量等方面都离不开教师与时俱进地掌握先进信息技术，同时也为大学体育课教学内容的更新提供条件，为大学体育课教学的新形态确立保障。所以提

升教师的媒介素养是迫在眉睫的事情。

体育教师教学知识水平的高低影响教学效果的优劣。同样，多媒体辅助体育教学效果的优劣也直接受教师运用多媒体技术操作水平的影响。教师操作多媒体设备的技能高低，一方面由自身潜力决定，另一方面受学校的多媒体技术培训的效果影响。

教师通过自学方式来提高多媒体技能的效果是不理想的，作为教师的载体，学校应该多在校内外为体育教师组织相关培训，建立多层次的培训手段，在师资、经费等方面提供充足的保障，要发挥本校培训机制，在校内由计算机教师负责定期培训体育教师。

另外，学校还可以组建专项多媒体技术教学课题组，对不同需求的体育教师进行更具针对性的分层、分批的培训，针对不同专业与不同需求的教师组群，拿出更适宜的培训方案，还可以尝试各高校之间的培训合作与交流，参考本校实践教学情况进行特色教学培训。除此之外，定期在校内举办体育教师多媒体教学大赛，刺激体育教师通过各种途径提高自己的多媒体教学水平。

综上所述，通过培训并结合自学的方式来提高大学体育教师的多媒体设备、软件操作能力，使体育教师相关技能的操作得心应手，从而开发具有特色、特点的多媒体教学。具体可以从多个方面进行培训：第一，多媒体辅助大学体育教学的理论知识；第二，多媒体课堂操作技能，如图片编辑、音频剪辑等技术；第三，多媒体教学软件的引进与应用；第四，多媒体辅助体育教学的教学技巧等。

大学体育教师要在进行多媒体技术培训的基础上不断提升自身的教学计划与教案设计能力，根据教学任务与现代教学的要求不断学习。只有体育教师具备优秀素养，多媒体教学才有丰富的内容依托和充实的知识内涵，多媒体体育教学的真正价值才能充分得以实现。

（三）培养现代教育理念，创新教学方式

教育理念的保守原因在于未完全了解开放式现代教学的实际优势与使用的可能性。多媒体应用于大学体育教学的积极意义是显著的。多媒体教学能够将体育教学中文字或语言描述不够详尽的动作直观化地、动态地呈现在学生面前，教学任务中的连贯动作将被更清晰牢固地记忆，还可以激发学生对现代化体育教学的学习兴趣，加强学生自主学习体育动作的能力。此外，传

统体育授课中教师的演练授课具有很大的局限性，天气、环境、动作难易程度、教师身体素质都会影响动作要领的正确展示，加上教师动作演练次数的有限，都会影响课堂教学效果。多媒体教学能突破客观限制，将动作要领向学生重复多次，使学生高效掌握要点，课下还能继续参照资源巩固练习，加深印象并改善教学效果。

多媒体教学方式和传统教学方式具有各自无法取代的优点，应科学统一，并结合起来，实现现代技术教学理念。作为大学体育教师，在体育教学中要正确认识多媒体教学的地位和作用，摆正位置与形式，积极参与现代化教学改革，提高多媒体体育教学的有效度，消除学校、其他教师和学生心目中体育课是"简单教学"的错误观念。同时，教师应该积极参加多媒体教学各级、各类培训，参加学校的课题研究，提高自身的能力素质与教学理念。

此外，课程资源与教学方式的发掘是多媒体教学前期准备环节中的重要组成部分。教师应在创新现代技术教育理念的基础上，自觉创新教学方式，不只仰赖于互联网共享，在课件制作上通过培训与教师组讨论，进行原创，以适合当下教学条件的教学方式进行教学。

（四）提升课件质量，使媒体和体育有机融合

从教师多媒体教学课件来源、教师设计多媒体教学课件的原则以及学生对多媒体教学课件的喜欢程度分析，体育教师在体育教学时使用精心准备的、优质的教学课件或网络资源是提升教学效果与学生喜欢程度的重要因素。因此，在多媒体教学的前期准备中，教师应自己制作或自行搜集符合教学内容的课件与资源，根据自身的教学风格与本学期教学内容重点，对引用的课件资源进行合理配置与修改，使之更加匹配当期教学任务。此外，课件的设计应该满足：内容题材要合理，引用、制作、修改相结合，界面设计要合理，课件内容要适量，多种工具共同协作。

针对教师阐述的在优化课件质量上时间和精力不够的问题，可考虑教师建立分组合作的方式完成。组内教研成员可以根据教学内容或章节进行分配制作，制作与优化时考虑本校情况与学生认知水平，制作出来的课件针对本校体育教学情况，且各章节课件在组内轮流使用。此方法便捷高效，可以较为有效地解决问题。

制作出良好的多媒体课件是教师运用多媒体教学的基本条件，不仅需要教师制作出一个实用而精致的多媒体课件，而且要完成与之配套的教案课件。

教师需要持续提高体育学科知识与教学能力，也要丰富自身现代化教学手段，同步提升多媒体技术的应用能力。同时，还可以发挥教师的优良传统，经常与同事进行教法、技术上的探讨，请教不同学科的、有经验的教师，不断完善课件制作技能，必须杜绝出现质量低劣、单调和不符合时代要求的课件，从形式到内容上，全面提高多媒体课件的质量，同时尽可能提高课件制作的效率。

在制作多媒体教学课件时应注意：第一，课件内容需合理化，要利用多媒体技术的优势，少用大量文字进行描述，将体育教学动作的要领通过静态图片或动态视频演示出来；第二，课件内容要依据体育动作的重要性进行合理分配与取舍；第三，课件搭配应以教学内容与重点为展示主体，不能一味追求课件丰富化；第四，课件容量应与实际教学任务分配进度搭配，避免出现容量过大的情况；第五，资料的选取可参考学生的兴趣进行选取。

二、微课在大学体育教学中的应用

（一）微课在学生体育需求调研中的应用

鉴于大学体育教学传统模式与大学体育教学内容间存在的关联，在大学体育教学实践活动正式开始前，体育教师应该按照课程逻辑将大学体育教学内容中的难点与重点提取出来。同时，还应该同现阶段体育栏目与体育热点新闻相结合，对体育微课进行制作，之后再将已经制作完成的体育微课利用移动互联网在学校内广泛传播。通过对微课中学生的点击率与同帖评论内容的考察，体育教师能够有效地评定体育课程内容的合理性，保证体育教师深入地了解学生的兴趣与期待。此外，在前期对体育微课进行传播，能够调动学生学习体育的积极性，使学生更加期待即将要学习的新内容，使学生从被动学习转变为主动学习，进而提升学生的体育参与度。

（二）微课在体育课程设计中的应用

对于体育微课来说，它不仅是对传统大学体育教学模式的补充，而且是多媒体时代下大学体育教学发展的必然结果。微课的出现使得原本的体育课程设计得到了重新定义。在大学体育教学开展的后期阶段，将以往室内体育理论课与室外实践课分开开展的体育课程设计进行改变，将两者进行融合，同时，对多媒体时代、大数据时代的特征进行考虑，在设计室内理论课的时候，可以以教师和学生的信息数据交流为主，呈现出更加公平、自由的体育课程。此外，在这样的形式下，体育教师的教学思维能够得到更进一步的更新，使学生学习体育的热情得到提升。

（三）微课在体育课程教学中的应用

一方面，体育教师可以根据新课内容将时事体育热点等方面设计新颖的新课导入微课，在课上给学生观看，目的是使学生的注意力得到吸引，使学生的学习兴趣得到激发。

另一方面，在大学体育教学实践活动开展的过程中，体育教师可以将复杂动作的教学制作成微课。同时，在体育课堂教学过程中，重复向学生播放，将更加具体、更加直观、更加生动、更加形象的体育教学过程呈现出来。

（四）微课在体育课后辅导中的应用

对于大学体育教学而言，每一节体育课堂教学的时间是有限的，想要教师针对某个学生面面俱到地讲授内容，实现精细化教学几乎是不可能的。所以，一部分学生不能与教学节奏同步或者是学生不能对其所学运动技能充分掌握的情况必定会出现，当体育课堂教学结束以后，教师可以将包含有体育教学重点的微课视频发送给学生，以便于学生能够在课堂结束以后，对于已经学习的技术动作进行练习，对课堂上所学内容进行复习，切实保证温故知新，提升学生的学习效果。

三、慕课在大学体育教学中的应用

慕课是一种针对学习者人群的网络在线教育，人们可以通过慕课平台进行学习。慕课是远程教育在 21 世纪的新发展，通过开放优质免费教育资源发展而来。慕课为网络学习者带来了真正的个性化学习，为传统课堂的网络化发展带来了机遇。慕课只是传统教育发展的一种新形式和媒介，仍属于教育的一部分，在课程建设中不能回避教育的基本价值追求。

慕课在我国的盛行已经成为现今教育发展的必然趋势，因势利导，将慕课与我国体育教育进行有机结合，从而提高我国体育教育的质量，促进学生产生学习兴趣和运动激情，对我国当前体育教育改革与发展起到了非常重要的作用。结合我国体育教育现状来看，慕课给我国体育教育带来了更多可能。慕课改变了人们传播知识的途径。我国体育教育应该充分利用慕课这个教育工具，为我国体育教育的未来开创一个新时代。在慕课全面发展的当下，我国体育教育应紧跟时代步伐，与慕课接轨，不仅为学生创造一个优越的学习环境，也为教师创造一个继续教育的优良环境，让学生和教师共同学习，从而为我国体育教育的发展打下坚实的基础。

（一）加大宣传，促进优质资源共享

对于慕课来讲，用户人数的增加也尤为重要，基本等同于市场份额。慕课平台只有拥有了自己的用户，才会慢慢发展起来。慕课平台可通过互联网信息网站进行宣传，更要利用学校、教师向学生推广慕课，慕课平台还要进行自我营销，如邀请好友注册即可获得课程兑换券等。现今，各个平台都在争抢用户，拥有用户就等于拥有了市场。

加大对慕课的宣传可以更好地利用慕课的优质资源，使越来越多的人得到更好的教育，促进优质资源共享，达到资源合理配置。在传统教育中无法满足学习者需求的，学习者可以根据自己的学历层次、兴趣爱好、时间安排等在慕课平台选择适合自己的课程，这样既节约了时间，又充分利用了慕课的课程安排，达到了优质资源的合理利用，使全世界的学习者都可以得到较好的教育资源，充分体现了教育的公平性。

（二）培养团队，制作慕课特色课程

我国要培养体育教育顶尖的教学队伍，对体育教育的核心课程进行重点打造，突出体育教育的特色。一个学科没有特色课程，核心价值不凸显，很快就会被人遗忘或被其他课程所替代。

体育教育更要根植于自身的核心专业，培育体育教育的教学团队，建立体育界一流的特色课程，并通过慕课平台分享给世界各地的学生。我国体育教育凭借特色课程和优质课程可以吸引更多的学生，可以提高我国体育的社会知名度，在世界同类课程的竞争中处于优势地位，并可以确保体育教育处于世界同类课程的领先水平。

我国体育教育除了要制作一流的专业核心课程外，对于非核心课程的建设也不能忽略。现如今，社会发展需要一专多能的人才，学生除了学习自己的专业课，对一般的通识课、基础公共课也要有一定的了解，如外语、语文、思想政治课等。我国体育教育可以利用慕课的优势，引进世界顶尖级的相关课程资源，弥补本校师资不足的缺陷，让学生不仅可以更好地学习理论课，还可以学习世界顶尖的理论课，从而提高学生学习的积极性和自主学习的能力，进而为社会培养更多一专多能的人才。

（三）质量监控，丰富慕课课程资源

慕课质量的好坏关系到慕课的长久发展。国内虽然在开展慕课，但并没有制定慕课课程的相关质量标准，这必定会影响我国体育教育慕课课程的质量。高校、政府和企业可以共同制定慕课课程的质量标准。在定义慕课时一定要明确慕课是把整个学习过程都呈现在网络上的，包括教师的授课情况、学生通过互联网学习的情况、网上参与互动讨论的情况、网上作业的提交情况，同时还有期中、期末考试，最后通过考核还有认定学分和证书等诸多事宜。

慕课的基本特点是大规模、对任何人免费开放、有明确的学习目标、线上学习、课堂及线下作业、测试、社区讨论、评价考试、学习结果认定。除此之外，还要建立课程审核机制，这样才能保证线上的教学资源是高质量、规范的资源。从课程的申报、评审、课程管理、考核要求和课程质量评估形成一系列完整的实施方案。

评价机制也是慕课课程非常重要的一个环节，有效的课堂评价是慕课课程不断完善的基础。课程质量评价可以从学生对课程的满意度、对学生的学习过程（如学生的作业情况、出勤率、考试情况等）来进行，还可以组织专家对课程进行评价。这些评价机制的建立为学生选择学习课程提供了参考，也对教师的课程制作进行了监督。当然，评价机制不仅仅针对教师，对学生的学习情况也要进行综合评价。加强课程的质量监控，可以有效地提高慕课的教学质量，并摆正慕课的发展方向。

学生的个性化也限制了慕课课程资源的制作，要充分考虑学生的学习兴趣，打造多层次的慕课课程。由于学习者在认知方面和文化方面可能存在着较大的差异性，因此对课程的理解是不同的。一流高校的课程可能并不适合普通高校的学生，对于同一门课程可能要设计不同的版本，为学习者和教师提供选择。可以通过学校分类自建特色课程，也可以引进国内外知名高校的优秀慕课课程。当然，体育教育不仅需要体育院校去自建特色课程，一些综合性院校也要发掘自身的特点，制作特色课程，这样才能够让体育教育课程多样化，丰富我国体育教育慕课优质课程资源。还要多开设一些能够满足少数民族地区的慕课课程，如利用少数民族语言、文化等，这对丰富教育资源也是难能可贵的。

（四）借鉴方式，改革教学方法手段

由于慕课课程的开放性特点，使得学生在慕课教学内容以及教学方法的

选择上更多元化。慕课平台是在互联网背景下展开，不受任何国界限制，所以在慕课平台上有着数以万计的课程，这些课程是由不同国家、不同地区的教师讲授，改变了教学内容的单一性。

对于体育教育教学方法的改革，不仅仅可以加强体育理论知识与专业技术的联系，对于提高教学实践效果更为重要。慕课由美国兴起到现如今在全世界流传，其成效在不同国家和地区都得到了大众的认可。由此看来，人们都顺应着社会的发展需要，教学方法的改革也是必不可少的。很多学者都说教育的本质在于分享，而慕课正是遵循了教育的本质，改变了传统教育。

教学方法需要去调和课程的发展与学员的需求，如何将理论知识与专业技能用平实的教学方法讲明白、说清楚，把形象的专业知识形象地展现在学生面前，这需要教师选择最优的教学方法以达到教学目标。同时，对于教学方法的改革，应摆脱传统教育的被动学习法，让学生爱上学习，主动学习。教师要思考在教学过程中采用什么形式、方法引导学生主动探索，而非采用满堂灌的教学模式。因此，我国体育教育运用慕课，可以提高学生学习的能动性，激发学生学习的积极性，所以要积极吸取慕课的优秀经验，大力发展我国体育教育的教学改革，从而使我国的体育课程迈上一个新的台阶。

第四节　大学体育教学方法的发展

一、大学体育教学方法的促进因素

第一，科技进步促进了体育教学方法的创新。社会的进步、科技的发展，不但给我们的日常生活、工作提供了极大的便利，而且在教学方面所起的影响更是不言而喻。计算机技术的大力发展，实现了其在体育教学方面的推广和应用。因为计算机技术的加入，日常的资料搜集更加迅速，相应的动作示范更加系统化、标准化。此外，也减少了学生在时间和空间方面学习所面临的阻碍，完美地达到了信息教学、传递的及时性，借助计算机对动作进行讲解，可以实现不同层面、不同速度、不同部位的观察和研究，教学成果比传统方法更显著。

第二，体育教学内容的变革促进了教学方法的变革。社会的发展、时代的进步，学生的体育需求也会随之发生变化，所以，教学内容也要适时更新和优化，这也在一定程度上推动了教学方面的革新。

第三，体育教学理论的发展促进了教学方法的完善。体育教学方法的优化和革新离不开体育教学理论的发展，体育教学理论为体育教学方法的改革提供了有力的指导依据，传统的体育教学在运动技能的研究方面并不完善，相同的运动项目一般都采用完全相同的教学方法，甚至不同的项目采用的方式也是一样的。但经过多年来体育教学理论的发展，极大地丰富和完善了教学方法。

第四，学生个性发展促进了体育教学方法的改进。不同的时代背景，不同的发展环境，学生也会展现出完全不同的特点，并且，他们的特点变动性很大。所以，教学方法要与学生实际情况、个性特点相结合，因人而异，因材施教。

二、大学体育教学方法的发展趋势

经过多年的发展和改革，现代体育教学不但发展成为一门较为成熟、系统的学科，而且发展成为具有自身特色的教学体系。其发展趋势主要体现在以下方面：

（一）现代化趋势

在教学手段的现代化过程中，体育教学的现代化非常明显。体育教学的一个重要表现是教学设备的现代化。通过采用先进的技术手段，教师可以更轻松地进行教学活动，学生可以更好地学习。借助先进的现代设备，教师可以更深入地了解学生的体质，并能更好地制订运动训练的计划。在教学管理方面，它可以为学生的学习和生活提供更便利的服务。随着现代社会的发展，各种体育技术逐渐发展起来，其教学手段必然呈现出现代化的趋势。

（二）个性化与民主化趋势

在传统的教学过程中，教师是教学的主体，在教学过程中具有很强的统一性。教师的教学活动忽视了学生之间的差异。随着教学活动的发展，社会对学生人格的发展越来越关注。体育教学方法的发展将不可避免地呈现个性化发展的趋势。个性化教学方法的改革和创新对学生和社会的发展具有重要意义。与此同时，民主化也是体育教育的趋势。随着民主意识在教学过程中的提升，民主化的体育教学方式也逐渐发展起来。

（三）心理学化趋势

心理学认为学习是一个复杂的心理过程。在体育教学过程中，学生学习相应知识的记忆和运动技术的记忆。随着心理学研究的不断深入，学习过程的各个方面都得到了人们的认可。在具体的教学实践过程中，心理学相关理论逐渐受到重视。

此外，体育教学还肩负着培养和发展学生良好品质、促进学生心理健康的重要作用。通过使用相应的心理学方法，它可以达到这个目标。

三、大学体育教学方法的改革对策

（一）转变教育理念，改变固有模式

大学教师一定要转变教育理念，改变固有的教学模式，要在教学方法的创新性、操作性层面多下功夫，最大限度地激发学生的学习热情和动力。在这个阶段，大学体育教师要大胆地丢掉会抑制学生发展的传统的、守旧的教学方式，彻底转变过去的教学思维，要以当前的情况为基础，结合学生的兴趣喜好，制定出全新的、有助于学生发展的教学方法，为学生营造更好的学习气氛，引导他们自主学习，激发他们的学习动力，在促进教学任务和目标完成的同时，也让学生们形成良好的学习习惯，从而促进学生的全方位发展。

（二）培养学生的创新意识

促进高校教学方法的创新也可以从学生这一主体入手，培养学生的创新意识。首先，提升创新意识，这是当前大学体育教学需要完成的主要任务，也是高校转变教学思想的根本体现；其次，对教学内容进行创新化处理，教师要有针对性地筛选出学生喜爱且对学生有帮助的内容，要从根本上处理课程单调、呆板的问题；最后，对教学方式方法进行革新和优化，教师要以学生的需求为依据，制定相应的教学方法，激发学生的学习热情、学习动力，引导他们自主思考、自主学习，提高他们的课堂参与度，促进他们形成良好的学习习惯和锻炼习惯。

（三）促使学生全面健康发展

教师作为教学活动的主体，也是知识的传递者，所以，在日常教学中，要不断地鼓励学生，根据他们的个体化差异，找寻符合学生自身特点的发展目标。

第五章　大学体育教学评价实施与发展

第一节　大学体育教学评价概述

一、大学体育教学评价的理论基础

（一）人本管理理论

人本管理理论的心理学渊源实际上是起源于 20 世纪 60 年代的人本主义心理学。生命的价值和意义在于不断实现内心的目标，不断形成和实现人类促进自我发展的工作意义。从根本上讲，人本管理是一种旨在支持人的全面自由发展的管理理念和管理制度。

人本管理理论认为，组织中个人的价值，包括个人的动机、个人发展和自我实现，以及尊重和自我实现的需要，是满足个人需求的持续驱动力。当成年人的需求和兴趣得到尊重时，成年人可以积极参与激发教育和发展动机的活动。作为一名体育教育工作者，尊重和自我实现是每一位教师的基本需求。他们希望通过评估，发现自己在组织目标范围内的优势和劣势，充分挖掘自己的潜力，了解发展的方向和未来，确定并落实自己的发展需求，不断创造和改进。因此，教师评价应侧重于支持其发展，课程评价标准的内容应包括教师发展。

（二）行为目标模式评价理论

美国教育家泰勒的教育评价模式被称为"泰勒模型"，也被称为"行为目标模式"，该评价模式是西方现代教育评价史上第一个比较完整的理论模式，在教育界有一定的影响力。20 世纪 30 年代至 20 世纪 60 年代，行为目标模式在评价实践中处于领先地位，也一直是西方其他教育评价学说所抨击和争论的对象。

行为目标模式是一种面向目标的评价模型。它把教育方案、计划的目标用学生的特殊成就来表示，并将其作为学习过程和教育评估的基础。在这种模式下，教育评估是一个评估目标是否在实践中实现的过程。因此，行为目标模式将目标、教育过程和评估视为一个循环。目标定义学习过程，并为测量偏差提供评估，帮助根据反馈实现目标。

行为目标模式的基础是评估目标的实现程度，将预期结果与实际结果进行比较，并根据教师认为学生应该学习的一些教育目标、态度、行为和方法来评估学习效果。教育评估是决定教育活动在多大程度上实际实现了设定的教育目标的过程。它的基础是根据学生行为的具体和可实现的目标、学习和教育成果的测量和计数进行评估的内容划分。

（三）目标分类模式评价理论

目标分类学是要把模糊的教育目标变为具体的、可操作的，从而也可进行评价的目标。依据这种认识，可以把整个教育目标分为认知领域、情感领域和动作技能领域。每个领域在实现最终目标的过程中，各自都设定了相应的目标系列。

第一，认知领域分类把教育目标分为递进的六个层次和十五个亚类，按照由低级到高级的难易程度形成一种递进的等级关系。六个层次分别为知识、运用、领会、分析、综合、评价。

第二，情感领域分类把教育目标分成五个大类十二个亚目标，其中包括接受、反应、组织化、价值判断、价值或价值复合体的个体化。

第三，动作技能领域分为六大类，即反射动作、基本基础动作、知觉能力、技巧动作、体能、有意沟通。

二、大学体育教学评价的目的与对象

体育教学评价体系因素分析是体育教学评价体系研究的主要内容，运用理论、方法、技术和工具等一系列系统分析，分析了所建立的体育教学评价体系的组成部分。体育教学评价体系是一个多因素、多层次、复杂的体系。要把最有效的系统分析理论和方法引入系统科学，对其进行全面、综合的分析研究，科学、深刻地认识其运行规律。在系统方法中，系统是一组相互作用的有机元素。体育评价的多维性和多层次性决定了其结构的多面性和立体性。体育评价的每一个方面都涉及许多要素，每一个要素往往是一个具有一定结构的系统。这些子系统相互关联、相互制约、非线性，通过与外界的信息共享，形成并保持时空有序结构。体育教学评价不是一个单一的、单向的因素，而是体育教学评价目标、评价对象、评价指标体系、评价方法、评价过程、评价管理等要素相互作用、相互联系的复杂体系。

（一）大学体育教学评价的目的

评价目的是系统分析的主要依据，也是评价活动的出发点。评价目的是人们认识的反映和价值观念的体现，评价目的会随着社会的发展，随着人们认识的进步和价值观念的变化而发生变化。评价目的的选择和分析是体育教学评价系统分析至关重要的一步。体育教学评价体系是一个多对象、多因素的复杂系统，对于不同的被评价对象有不同的评价目的。评价目的是要说明进行评价的原因，因而必须有明确、具体、准确的表述。由评价目的决定了评价的内容、评价指标、采取的评价方法、使用的评价工具以及处理和反馈评价信息的方法。

体育教学评价最主要的目的是诊断教学效果并改进教学。无论是处于哪个环节的教学评价，无论是对教师还是对学生的评价，评价的主要作用都在于诊断和改进教学，以提高教学质量为目的。对教学效果进行定期检查，可以了解学生的体育学习情况与表现，以及达到学习目标的程度，可以了解教师在教学过程中存在的问题，以便找到改进教学过程的方法。验证教学计划的制订是否符合学生、社会和学科教学的需求。

（二）大学体育教学评价的对象

如何构建体育教学评价的内容，既是当前体育教学评价理论探讨与研究的重点问题，也是体育教学评价实践工作中迫切需要解决的首要问题。因为教学要反映时代的精神与时代的要求，所以教学评价内容的构建也离不开这个时代的要求。新世纪所要造就的人是具有全面知识技能、品德优良、心理素质完美、社会适应力强的劳动者，亦即我国学者们所倡导的素质教育。因此，在建构教学评价内容的时候，应以素质教育的结构作为划分的依据。

三、大学体育教学评价的原则与方法

（一）大学体育教学评价的原则

"体育教学评价是体育教育的重要组成部分。"[1]高等院校体育教学评价体系的建立是高等院校体育教学评价工作的基础，同时也是高等院校体育教学评价工作的核心。通过研究体育教学评价内容，探讨体育教学评价体系中权重分配部分的合理性，可以为体育教师在教学评价中灵活把握教学评价的主要内容提供可操作的参考依据。

1. 方向性原则

综合分析哲学、教育学、心理学、评价等基础学科的教学评价体系，可以发现体育教学评价体系的建立是一项有目的的社会活动，需要根据体育教育的教育性质、教育目标为基础进行设计。因此，这就要求体育教学评价体系在设计时应当遵循方向性原则，即在体育教学的评价体系必须坚持以中国特色的社会主义办学方向为准绳，同时也要体现中国体育教育事业发展的方向，体现体育教学经过改革得到提高的发展历程。

2. 可测性原则

体育教学评价的可测性原则是指在设计体育教学评价指标时，各项指标必须具有可测性，即在设计体育教学评价指标时，所有的指标可以通过测量方法，并借助使用测量工具获得一个准确的测量结果。抽象目标也必须形成直接可测量的数值。例如，在评估体育教学效果时，评估者可以用秒表来衡量学生的 100 米成绩，而在篮球比赛中，评估者可以用数学中的计数方式计算出学生的投篮命中率，以此来衡量体育教学的效果。

3. 可接受性原则

体育教学评价的可接受性原则是指体育教学评价指标的制定应基于客观实际，而不是主观思维，每个指标应根据相关标准制定。根据学生身心发展规律，构建体育教学评价指标体系，以确保评价对象的可接受性。体育教育评价指标体系在设计时必须充分考虑高等院校的实际条件，如高等院校的人力、财力、物力、时间、空间等情况。由于体育教学评价的特殊性，有必要

---

[1] 江玲玲. 浅议高校体育教学评价的现状及改进方法 [J]. 体育世界（学术版），2009（7）：80.

对体育教学评价中发生具体的问题进行分析。体育教学指标的评价体系应该不同于指标体系，它应该反映积极和消极的评价结果。体育教学评价指标体系要在实际运用中不断改进，追求简单高效的操作方法。

（二）大学体育教学评价的方法

高等院校在设计体育教学评价指标时，应当以国家的教育方针为准绳，以国家教育政策为基础，建立多维度、多层次的体育教学评价指标体系。

1. 分解目标，形成目标层次系统

体育教学评价指标的制定应根据体育教学的总体目标、体育教学评价的具体目标和评价对象的具体情况进行分析。在充分了解评价对象的基础上，合理划分评价目标，确定衡量指标，使体育教学评价指标可以充分反映评价对象的本质特征，客观评价各个评价因素之间的内在联系，从而建立一个完整、科学、合理的体育教学指标评价系统。

2. 通过归类合并，进行指标筛选

一些初步拟定出来的测量方法和评价指标可以客观反映评价对象的基本特征，有可能达到评价体育教学效果的目的。同时，被评价对象的部分指标的实际情况并不能客观地反映出来。因此，可以通过对最初设计的指标进行分组和选择，简化具体的评价指标，提高其质量。这不仅方便了评价的实施，而且保证了体育教学评价体系实施的有效性，监督了指标体系的制定。在选择指标时，通常使用以下方法：

（1）经验法

经验法是依据体育教学指标设计者的实际工作经验，同时参考被评价对象的实际情况而设定的评价体系，综合分析初步拟定的测量方法和评价指标，将各项类别进行合并，将评价指标体系简单化。

（2）理论法

理论法是以哲学、教育学、心理学、管理学、社会学、评价学等为相关学科理论为基础进行设计的评价体系。例如，在评估学生的智力发展水平时，必须对学生的注意力、想象力、观察能力、记忆力、思维能力等方面进行考量，并将这些要素整合到指标框架中。

（3）专家评判法

专家评判法要求指标的制定者在制定初步指标后，期望获得该领域专家对指标制定的意见，通常采用的方法是和专家面对面沟通、专家填写调查问卷、

邀请专家参加座谈会等方式来征询专家的意见和建议。

3. 明确各指标的内涵和外延

当设计者完成前两个阶段的任务后，应确定教学评分指标，并明确相应的评分内容。为了便于教学评价的实际应用，有必要明确评价内容的范围。此外，通过简要的陈述、公式和标准，进一步明确各种体育教学模式指标的内容和覆盖范围，对指标体系的制定也具有重要意义。评价指标内涵是指该体育教学评价是对评价对象的哪些内容进行评价，可以理解成被评价对象的本质问题是哪些，进而体现评价指标系统的多维度和多层次。评价指标的外延是指该体育教学评价体系中的指标项进行范围界定，可以明确界定体育教学评价工作的定义区域，可以控制体育教学评价体系中各指标项的外延范围过于宽泛或狭窄的问题。

4. 用初拟评价体系预评试验

高等院校在初步确定体育教学评价的评价指标体系后，评估者可以对体育教学评价进行初步的预评工作。在初步评估过程中，可以选择少量的评估对象作为初步评估的实验从而确保标准评估体系和权重体系保持一致，确定体育教学评价系统的有效性，以及各指标项得出结果是否科学。

通过对评价所得信息的分析，找出指标体系存在的实际问题，对指标体系进行修改，从而使指标体系更加合理完善。对于试评后得出的各项信息和测评结果，设计者要进行科学分析，进而找出该体育教学评价系统的漏洞和问题，并对评价体系中的各指标项目进行修改。

第二节　大学体育教学评价规范与落实

体育教学是在不断变革的过程中逐步实现发展的。在这一变革过程中，人们对体育教学评价的有关问题逐渐予以了高度的关注与重视。体育教学评价的指标体系、方法与模式随着新课程的改革不断增加与完善，而且依靠计算机操作的评价软件也随之得到了广泛的使用。这充分表明，体育教学评价正在向科学化、精确化与系统化的趋势不断发展。然而，对体育教学评价的指标与方法的研究不能仅停留在理论层面，更要从实践层面来加强对这些评价指标与方案的运用，这样才能促进体育教学评价实践价值的增强。具体来说，现代体育教学评价的规范与落实重点要从以下方面着手：

一、建立科学的体育教学评价指标

从系统论的角度来看，体育教学目标应该具备一定的科学性、简便性与易操作性。由于体育教学评价是对体育教学目标完成程度的一个考核方法，因此，体育教学评价也必须相应地具备体育教学目标的特征，即简明、科学、利于操作。虽然近些年体育教学评价指标的制定与完善受到了有关人员的重视，但存在大量缺陷的评价指标仍有很多，这些缺陷与不足主要体现在评价指标比较复杂繁多、不易于操作或操作起来要花费大量的时间与精力。所以，体育教学评价的规范与落实要解决的问题就是科学建立体育教学评价指标，并注意在充分考虑我国国情的基础上解决这一问题。建立体育教学评价指标重点要从两方面进行：第一，从理论层面加强对体育教学评价体系的深入研究；第二，从实践层面对体育教学评价进行科学的改革。在对评价指标进行建立的过程中，不仅要以我国国情为基础，还要对国外体育教学评价的成功经验进行合理的借鉴，从而使我国体育教学评价指标体系既具有东方特色，又呈现出国际风采。

（一）初步拟定指标

对体育教学评价指标进行初步拟定时要以体育教学评价目标为基本依据，而且研究人员要根据自身对体育教学的理解和自身的实践教学经验来开展具体的拟定工作。具体拟定方法是：第一，先分析相关因素，对评价指标进行逐级分解，具体以评价内容的内在逻辑结构为依据进行分解；第二，按照逐级分解后的因素来拟定指标，"高层—低层"是评价指标的分解顺序，因素的级别越低就越具体，直到被分解的因素可以被观测后停止分解程序，这样从抽象到具体逐级排列的指标体系就形成了。

（二）筛选拟定指标

经过初步拟定的体育教学评价指标后，这时的指标还不是很简单、明确。所以，为了使评价指标的简约性与科学性得到保障，要对初拟指标进行合理筛选，具体可采用经验法来进行筛选。

经验法就是以个人或集体的经验为依据，对评价指标进行归类与合并，从而对评价指标进行进一步明确的方法。经验法的常见类型如下：

1. 个人经验法

个体以自己的经验为主要依据，运用思维的方式对初步拟定的指标进行加工和决定评价指标去留的方法就是个人经验法。个人经验法操作简便，但容易受到个人主观经验的影响，造成评价指标被筛选后存在片面性的缺陷，这也是这类经验法的不足之处。

2. 集体经验法

运用问卷调查的方式进行统计的方法就是集体经验法。个人经验的片面与局限在集体经验法中能够得到克服，因而其与个人经验法相比具有较强的科学性。所以，在对拟定指标进行筛选时采用集体经验法更有说服性。

（三）权衡指标分量

将体育教学评价指标确定之后，要对其在体育教学评价体系中的重要性进行科学的衡量，也就是权衡其分量，这样才能确立评价指标的地位，清楚评价指标的重要性。评价指标重要性的权衡方法主要有两种，具体分析如下：

1. 依靠集体力量的权衡

在集体力量的权衡中，集体主要包括学校体育研究人员、教育部门的相关工作人员、学校体育部门领导以及体育教师等相关人员。通过对这些人员的经验与力量的依靠，可以对评价指标在评价内容中的地位和重要性有所了解，从而为权衡评价指标提供科学的依据。这种权衡方法比较全面、科学，但其也有一定的缺陷，即集体中的成员因意见不统一而对权衡结果的统一性造成影响。

2. 两两比较的权衡

两两比较的权衡是指对评价指标进行分组，一组包含两个指标，有关工作人员对同一组两个指标的某一特征进行对比和评判，并运用矩阵形式对比较与判断的结果进行表示，从分析结果中明确指标的优先顺序，从而直观地体现出评价指标的重要性。

（四）确定评价标准

做好前三个环节后，就是最终确定体育教学评价标准了。体育教学评价标准的设计主要包括标度的设计与标号的设计。

第一，标度的设计。表示标度的方法主要是定量与定性。通常用具有描述性的语言，如熟悉、不熟悉，了解、不了解等来对定性标度进行表示。

第二，标号的设计。标号是对标度加以区别的符号。确定标度后，要用一些区别性的符号，如优秀、良好、中等、合格、不合格等来对标号进行表示。

二、重视体育课堂教学质量

学校体育教学的主要形式就是课堂教学。体育课堂教学的质量随着新课程改革的不断深入而受到了越来越高的重视。在对体育课堂教学评价研究的过程中，研究人员提出了一些具有实质性意义的建议，并积累了大量成功的经验。然而，这些经验与建议在体育教学实践中的操作性并不是很高。这主要是由于体育课堂教学的评价主体在多方面都存在差异，要用量化标准对课堂教学质量作出定量评价有相当的难度，所以体育课堂教学的实际情况也很难在评价中得到真实的反映。因此，研究人员与有关学者一定要重视体育课堂教学质量的评价，对科学合理并具有可操作性的评价方法进行积极的研究，从而促进体育课堂教学质量的提高。

三、充分发挥体育教学评价反馈与指导功能

体育教学评价具有反馈与指导两个基本功能。评价主体在对体育教学作出评价的过程中，不仅要对体育教学评价的相关因素进行考虑，同时要对与体育教学相关的一些要素进行全方位的考虑，从而使评价更好地为促进体育教学的完善而服务。在对体育教学作出评价之前，要对体育教学目标进行制定，并以此为依据展开具体的教学评价工作。体育教学评价的结果能够将教学目标的设定是否合理比较准确地反映出来，一般会出现两种评价结果：第一，体育教学评价的结果良好，这说明制定的体育教学目标较为合理；第二，体育教学评价没有取得理想的评价结果，这说明教学目标与教学准备工作不合理，需要有针对性地对体育教学工作的各个环节进行调节。

四、建立全面的"教"与"学"的评价体系

体育教学包含教师的"教"与学生的"学"两个方面的活动，所以体育教学评价工作的开展也要从这两个方面着手，即进行教授评价与学习评价。当前，针对学生学习评价而进行的研究比较全面，针对教师教授评价而进行的研究较为片面，主要是对教师的课堂教授情况进行评价。从这一点来看，实现体育教学两个方面的评价目标有一定的难度。鉴于此，有关专家与学者要对教师的教授评价与学生的学习评价进行全面而深入的研究，分别建立体育教师"教"的评价体系与学生"学"的评价体系，从而使体育教学评价的

全面性与科学性有所保障。

第三节　大学体育教学评价指标体系构建

"体育教学评价体系是指在体育教学评价中由两个以上有机联系和相互作用的教学要素组成的，依据一定标准对体育教学及其有关影响因素进行评价，从而对体育教学进行监控和反馈调节，以改进决策，预测体育教学方向，保证体育教学高效完成的组织、行为、决策系统。"①

一、体育教学评价体系的构建原则

（一）客观性原则

对现阶段体育教学评价体系的构建，离不开相应评价理论的科学指导，而且要以我国学校的现实状况为基本依据，对评价中存在的诸多因素进行全面、系统且客观的分析，使评价体系的结构要素具有一定的客观性，从而提高体育教学的效果。在进行体育教学评价的过程中，要特别注重贯彻客观、公正、合理的原则，客观、实事求是地判定教师的"教"和学生的"学"。

（二）可行性原则

评价体系中的各项指标都要与体育学科的特点和学生的身心发展特征相符，所制定的标准需要满足基本的可行性要求。在对评价目标和指标体系进行制定之前，应系统地调查与分析我国高校体育教学的现状，深入了解当前我国高校体育教学评价的现状，并对存在的问题与不足进行分析。此外，对于体育教学评价中的优势也要予以积极的肯定，在此基础上对评价体系进行科学的构建，所制定的评价指标要能将体育教学的效果反映出来。

（三）可比性原则

体育教学评价体系中的各项指标都必须能够对评价对象的共同属性进行反映，并具有可测性，即每项指标都应作为具体目标，用具体可操作的语言

---

① 范汝清，马琳，袁玉涛. 体育教学评价体系的构建 [J]. 教学与管理，2011（18）：65.

对其进行界定，而且通过使用一定的评价方法对其进行观测和了解，并得出明确的结果。应尽量简明地设置评价指标，以确保指标的可操作性和可比性。

（四）导向性原则

制定体育教学评价体系，能够对体育教学发展的方向进行指导，并对开展体育教学活动有积极的影响，可以将教学评价的导向功能充分发挥出来，及时反馈信息，以便进一步促进教学质量的提高。教育评价是为了提高教育质量而开展的工作，而教育质量提高的主要目的在于促进学生的全面发展。通过评价，能够将体育教学活动中存在的合理之处和不合理之处显示出来，从而进行相应的肯定和否定，为教师教学工作的开展与改进提供科学的意见，为学生的学习提供积极的指导。

（五）全面性原则

开展体育教学评价工作，就要全面考察与描述评价对象的各个方面，综合评价与全面考察被评价者。因此，要收集评价指标中各个指标的信息，然后对各个信息与要素都进行全面分析，并作出相应的判定。

二、新形势下体育教学评价体系构建的设想

（一）树立新的体育教学评价指导思想

现阶段，在素质教育的实施过程中，体育教育改革与发展的实现离不开科学的体育教学评价，体育教学质量的提高也离不开评价工作的开展。新的课堂教学评价标准应对学生在课堂教学评价中的主体作用进行强调。对学生的学习予以关注，促进学生的全面发展。强调教学内容与学生生活之间的联系，以及现代社会和科技发展之间的联系。对主动、合作、探究的学习方式进行积极的倡导，使学生充分发挥自己的主观能动性，形成科学的价值观。此外，还要注重对学生创新精神与实践能力的培养。

（二）有机结合量性评价与质性评价、行为评价与心理评价

虽然量化评价有很多优点，但在体育课堂教学中使用该评价方法，容易把复杂而又丰富的体育课堂教学过程弄得过于简单化和格式化。采用质性评价的形式对于复杂而丰富的课堂教学过程而言更为有益。该评价方式对体育教学过程中完整而真实的表现有突出的强调，不仅对认知层面进行考察，同时考察表现等行为层面。所以，从发展性评价的角度而言，结合量性评价与

质性评价两种方式对于提高体育教学评价效果更有意义。结合这两种评价方式，能够给质性评价提供一种数量化、趋势性的参考，而且可以采取等级评定方式来说明体育课堂教学评价的结果。

在体育教学评价实践中，不仅要对容易量化内容的定量测评予以重视，更要将难以量化内容的定性评价重视起来，这也是体育教学评价中的一大难点。此外，还要重视对行为评价与心理评价的综合采用。因为体育教学评价是一个价值判断的过程，较为复杂，它不仅存在具体、直观、外在等方面的特性，还具有一定的抽象性、间接性及内在性。只通过对某个指标的借助，难以既对行为表现方面进行观测判断，又对心理倾向和行为特征方面进行客观评价。虽然将心理评价内容加到评价体系中使评价的难度增加了，但在实践中进行心理评价有很重要的意义。

（三）由重视结果向重视过程转变

目前，从各国体育课程改革和体育教学改革的趋势来看，都对教学与学习的过程给予了高度的重视，而且对培养学生的创新精神与实践能力也很关注，这已经形成了共识。从现代知识论的层面而言，知识并不是一个结果，而是一个过程。学习与探索知识的过程是学习者整个心灵和生命中不可或缺的一个重要过程。不仅如此，体育教育追求的真正目标在于使学生能够对本学科与其他学科知识进行融会贯通、重新组合，并在此基础上对其加以创造性地运用。

三、大学体育教学评价中学生评价指标体系

（一）大学体育教学评价中学生评价指标体系构成

进入 21 世纪之后，我国体育教育改革不断推进，对教育评价体系的研究也在不断深化。从对学生体育成绩的评价到对学生全面发展的综合评价，体育教学评价形成了一种共识，即体育教学评价不仅要关注学生在体育教学中的学习成绩，而且要多方面挖掘学生的潜能，了解学生身心发展的需求，帮助学生实现自我、建立自信。如何科学地评价学生的体育教学，使其成为学生更有效、更积极地参与体育活动的有效手段，是体育教学改革的迫切课题。

（二）大学体育教学评价中学生评价指标内容分析

与其他类型的课程教学相比，体育教学最重要的是在体育教学实践中注意体育锻炼。体育的学习属于一种技能的学习，不同于其他特定领域的逻辑

知识。体育教学是实现身体机能的重要手段，对学生的身体发展和心理健康尤为重要。在学生参加体育教学课程的时候，体育教育工作者安排的体育锻炼必须适应学生的身体负荷，体育教学过程必须符合人的自然发展规律。

高等院校的体育教学不仅是一个认知过程，而且对一个人的情感、意志、态度和价值观有着深刻的影响，对提高学生的智力有着特殊的作用。学校体育课的另一个特点是具有"情意性"的性质。与任何其他学科相比，体育教育具有改变环境、学生角色多样性和获取信息的重要因素，为学生的沟通和组织能力创造了额外的条件。

因此，可以对学校体育专业进行划分，以确定学生体育教学的评价指标。体育教学必须符合人体的发展规律，让学生的身体承担一定的运动负荷，才能促进其身体素质的提高。体育在学生的智力开发中具有特殊的作用，体育学习在提高学生社会适应能力方面也发挥着特殊的作用。

1. 对社会适应评价指标的分析

体育运动是一种有组织的社会活动，其核心是体育锻炼，其目的是改善公众的身体状况，促进学生群体的全面发展，丰富社会文化生活并促进社会文明进步。学生在高等院校组织的一些体育教学活动或竞赛时，学生通过这些活动可以进行交流和竞争，并遵守这些活动的体育规则，进而培养学生的服从意识。体育教学是一个小的社会全景。通过体育教学在提高其健康水平的同时，可以加强学生之间的交流互动，可以培养学生与教师之间的人际关系，为学生提供社会规范和角色定位以及学生对失败的适应能力。体育教学在培养学生的社会角色方面起着重要的激励作用，从而有助于培养学生的社会适应性。

2. 对情感态度评价指标的分析

情感态度是指在学习过程中影响学生学习过程和教学效果的兴趣、动机、自信、意志和合作精神。体育教学中学生的情感态度是一个以知识和技能为基础的学习过程，承载着知识、渗透和感染的过程。体育教师应该有意识地将情感态度引入体育教学过程，使其成为教学的灵魂，使学生逐步形成健康的情感、积极的态度和正确的价值观，成为社会需要的全面型人才。

体育教学评价指标体系中的情感态度的内容是包罗万象的。比如，运动参与、学习兴趣、情绪调节合作与交往等都属于该范畴之内。体育专业学生的学习过程总是伴随着一定的情感体验。学习过程中的情感体验往往会影响学生的态度，导致不同的学习结果，进而给学生带来不同的情感感受，从而影响学习过程。

3. 对体质健康评价指标的分析

体质是指人体本身的身体质量。它具有形态结构、生理功能和心理因素的一种复杂而相对稳定的性质，体质一般表现在遗传学和获得性的基础上。人们拥有一个健康的体质是非常重要的，是人们正常生活、学习、工作的基础。健康体重就是指人具有良好的生理功能、运动能力和适应性能力，身体状况相对稳定，这是人类先天遗传和后天通过努力得到的结果。健康是生命的基础，身体是工作的直接载体。健康的身体来自多方面的因素，体育锻炼是其中之一。人体在形成和发展过程中具有明显的个体差异和阶段性。因此，在人类发展的不同阶段，身体状态不断发展变化，既有共同的特点，又有不同年龄段等特点。因此在评估被评估对象的体质情况时，要充分考虑其身体特点和其他影响因素。

身体技能水平主要包括人的心率、血压和肺活量等方面，身体功能是身体的代谢功能和各种器官的工作能力，身体机能评估可以了解一个人的体质状态和身体机能水平，同时也可以反映出这个人参加体育锻炼和体育运动的效果和作用。通过研究体育教学的实践结果发现，体育教学可以在很大程度上影响学生的身体机能。

身体形态指标包含的内容主要有身高、体重、胸围、腰围等，在选择这些指标时，要考虑到各级学校的体育教育环境和测量工具的易用性。其中，学生的身高、体重和胸围方面的形态指标可以充分反映学生的发育情况。

4. 对于知识认知评价指标的分析

认知是指人们获得知识并将所获得的知识进行应用的过程，或者是指人将获得的信息进行加工的心理过程。认知过程是主要靠人脑进行的，人脑可以处理感觉、知觉、记忆、想象、思维和语言等信息，人脑将外界接收的信息进行加工处理，进而转化成自己内心的心理活动，并通过人的动作和行为将其表达。人的认知发展分为三个阶段，即动作式、图像式和符号式，一个人获得新的知识的方式首先是需要学习动作，然后再依靠图像加深对知识的理解，最后再依靠符号巩固自己获得的知识。体育教学活动如果可以按照从直接经验、图像经验到符号经验的顺序展开，那么就能提高学生在体育教学中获得体育知识的效果。

体育知识是指在长期实践中对体育现象、事实、规律和经验的理解。体育知识为人们提供了体育信息，为运动奠定了基础。在体育教学过程中，体育教育工作者需要向学生传授逻辑认知内容、运动技能以及逻辑知识要素。学生的逻辑思维不清楚会影响学生整体学习目标的实现。要让学生记住并感知相关知识组，包括体育理论知识、人类科学知识、心理学、社会学和美学。随着学生认知水平的提高和知识的积累，体育知识必须具备应用和分析的能力，能够用抽象的原理来解决体育学习中遇到的各种问题，这样才能将体育意识水平与实际应用有效地结合起来。

四、大学体育教学评价中教师评价指标体系

（一）大学体育教学评价中教师评价指标体系的构成

教师教学评价指标体系应能充分反映教师教学的全过程，即围绕其教学活动，建立教学设计、课程准备、课堂实施、指令定义与反馈、教学设计修改与改进的评价指标体系。因此，在以往专家建立的教师教育评价指标的基础上，允许从事体育教学第一线的体育专业人员和教师对评价体系的权重进行评价，然后比较专家指标体系的权重与实际教学结果的权重差，并根据体育教学现状，对指标体系的权重进行修改和构建。该方法是根据对体育学习成果的回答设计一份问卷，并通过回答体育学习效果问题将其设置为变量。从教学理念、学生水平分析、教学文件、条件和设施到锻炼习惯的培养、健康改善、对教学的满意度等科目，每个项目都应视为一个变量，并在足够的代表性样本的基础上建立数据库。随后，对数据中的因素进行了分析，并提出了主要因素，即公共因素。在此基础上，根据每个变量对公共因子得分中每个公共因子的贡献，确定不同的子指标。

教师教育评价应包括对其课前准备、教学条件、课程规划、实施过程和训练后反思的分析以及对体育学习目标实现情况的监测。这些因素是教师教育评价体系的组成部分。教学评价的内容包括教学主体的设计、教学内容的选择、教学组织、基本教学技能、教学方法和教学效果。随后，对这些指标进行了检验和分类，最后将教师教育评价指标体系定义为四个一级指标：教学准备、教学过程、教学评价和教学结果。

（二）大学体育教学评价中教师评价指标内容分析

对教师行为和素质的评估需要进行认真、全面和系统的分析。从教师工

作的主观方面出发，包括教学目标的制定、教学内容的安排、教学原则的应用、教学方法的选择、辅导和教学，这些都是教师可以控制的因素，这是教学行为和教学质量评价的主要方面；客观方面，包括学校的原始设施、学校设备和教学环境、教材和视频的质量，以及学校的管理和后勤，是教师无法控制的因素，应作为评估教学质量的次要参考因素。同时，对学生的学习质量进行辩证分析。学生的学习质量直接反映了教师的教学质量，应该成为评价教师工作的重要指标。学生是教学的主体，教师的领导作用必须通过学生的内部状态来发挥，也必须受到外部因素的影响，这些因素在教学和科学之间并不总是完全联系在一起，不应成为评估教学质量的唯一标准。因此，对教师教学行为和教学质量的评估主要是对教学过程的实施进度和学生在某些客观条件下取得的进展的评估。

1. 教学准备指标分析

教学准备是指教师在开展课堂教学活动之前，将开展教学活动所需要的内容和问题进行处理。对于高等院校的体育教学来说，教学准备阶段是开展体育教学活动最重要的起始环节，科学的教学准备可以保证教学活动的成功实施。体育教育工作者在教学准备过程中需要做的工作主要包括：学习和研究体育教学的大纲和课程标准，明确体育教学目的中的相关要求，熟悉教材中的体育理论和教学内容，了解学生的身体和心理状况，根据学生的特点设计教学任务，等等。

教学准备的过程对于体育教育工作者来说，不但是教学工作的准备过程，还是自身教学心理的准备过程。

第一，体育教师在制定教学方案时，要为体育教学设定具体的目标。教学目标一旦确定，就应该时刻印在教师的脑海中，成为体育教师在开展体育教学活动时的教学目标。因此，教师从一开始就要对体育教学过程中要达到什么以及如何做到做好适当的心理准备。

第二，体育教师设计的教学方案要考虑到整个体育教学过程中的所有环节，比如，开展教学活动时要使用什么样的教学手段或教学方法，学生的学习活动怎样组织才能更加科学，体育教师自己要心里有数，这样才能更好地开展体育教学活动，才能保证教学目标可以顺利完成。

2. 教学过程指标分析

教学过程是一种系统运行的过程，需要教师和学生作为主体共同参与。

体育教学过程的主要环节包括确定教学目标、激发学生的动机、让学生理解教学内容、对教学过程进行反馈和调控、评价教学效果等。体育教学的实施阶段在体育教学过程中起着关键性的作用，在体育教学的实施阶段中，教师根据教学大纲、教材内容和学生的学习需求，向学生讲解体育知识和运动技能。学生在教师的讲解和指导下，对体育知识和运动技能有了全面的感知和自身的理解。从表面上看，体育教学实施阶段只是让教师和学生这两大教学主体产生了相互联系，发生了相互作用；从实际作用看，体育教学过程中其他各构成要素都在体育教学实施阶段产生了制约的作用。

3. 教学评价指标分析

高等院校的体育教学评价要始终贯穿体育教学中的各个环节，如教学目标确定、内容选择、组织实施等环节都要有所涉及。体育教学评价的主要目的就是及时修正体育教师在设定体育教学目标时不明确，发现并解决开展体育教学活动中出现的种种问题，同时解决高等院校体育教学资源配置不合理、组合不科学的问题，进而让体育教学活动可以达到预定目标和最佳教学效果。

体育教学目标从本质上讲，主要是从体育教学效果和体育教学影响两个方面为出发点，对体育教学活动的价值进行评定，并引导体育教学活动朝着预定的目标发展。体育教学评价必须在一定的客观标准下进行判定，通过收集的各项资料和数据，对体育教学活动认真地进行测量，得出一个具有合理性、科学性的客观结论。通过体育教学的功能，体育教师就可以及时发现教学方案中的问题，进而制定出科学的教学方案，修正自己在教学过程中的不恰当行为。

4. 教学效果指标分析

教师教学效果评价，又称教学质量评价或教师教学水平评价，是教学评价的一个重要组成部分。它既体现在体育教学的全过程，也体现在学生体育知识与技术的掌握、健康水平的提高、锻炼习惯的养成等多个方面，还包括学生对教师教学的满意程度。

体育教学效果具体体现在：第一，满足国家教育方针的要求，使学生掌握相应的体育知识、体育技能；第二，通过体育教学，使学生在健康水平和情感、态度、自信心等方面有所提高，社会需求和学生个体需求得到满足；第三，通过体育教学培养学生体育锻炼的习惯，使终身体育成为可能。

第四节　大学体育教学评价的发展与改革

一、大学体育教学评价的发展趋势

现代体育教学评价呈现出以下方面的发展趋势：

（一）评价主体互动化

现代体育教学评价强调将完整的、有个性的人当作自己的评价对象，并通过评价，努力促使受教育者的个性充分发展。现代体育教学评价注重质的分析，将所有对学生个性发展有意义的东西作为评价的对象，包括知识、能力、情感、兴趣、爱好、创造力、意志、态度、品格等多个方面；强调评价过程的开放、互动、透明和评价主体间的双向选择、沟通和协商，共同关注评价结果，学生自评、互评，师生之间的自评、互评都能够使学生对自己的优点和不足有所明确，这样就更能将评价的激励性和发展性体现出来。

（二）评价内容多元化

现代体育教学评价的内容向多元化的趋势发展，其包括认知、技术技能和情感三个方面的评价，而不是单一的技术技能达标考评或健康测验。随着素质教育的不断深入，学校开始逐步重视学生综合素质的评价，不仅关注学生的学业成绩，而且对学生的创新精神、实践能力及心理素质的培养也给予了一定的重视，特长生的个性发展尤其受到了教师的普遍关注。充分发挥多元评价模块的作用，能够使学科成绩较差但有一定特长或潜能的学生发现自己的闪光点，从而促进学生的和谐发展。

（三）评价体系多维化、多元化、综合化

体育教学评价中，过程评价与终结评价结合、体育教师评价与学生评价结合、学生自评与互评结合、体育技术评价与运动技能评价结合、以学生个体发展为主的纵向评价与横向对比结合、体质状况评价与心理素质水平评价结合的多维评价体系能够使每个学生通过体育课程学习获得全面健康的发展。

多元化是体育教学评价理论与实践发展的总趋势，这种多元化包括体

育教学评价思想的多元化、评价方法的多元化以及评价主体的多元化。任何一种体育教学评价理论的形成与发展都是在一定的社会历史条件下实现的，永恒不变的体育教学评价标准和方法是不存在的，因而它具有历史性；任何一种体育教学评价理论都是为教育发展服务的，因此它又具有明显的社会性。

体育教学的考核评价体系应该是由锻炼习惯评价、日常行为评价、体育技术技能评价、基础知识评价与体质状况评价等多方面评价共同构成的综合评价体系。

二、大学体育教学评价的改革措施

（一）改进评价体制，实施多方位评价

教师作为体育教学的主导者，需要充分了解学生的身体素质基础、运动能力状况，针对学生的学习、锻炼表现情况进行多方面的评价，从而将学生的学习积极性充分调动起来，尽快实现体育教学目标。随着"水平目标"的设立，教师每个阶段的教学任务都会发生一定的变化，而且体育教学内容的选择、教学方式方法的应用等也会相应地发生变化。这就要求在体育教学中，以运动参与、运动技能、身体健康、心理健康、社会适应五个学习领域为主要依据来对评价内容进行设立，从而保证评价结果的客观性和准确性。

（二）通过学习小组促进学生协作能力的增强

对于很多体育项目来说，以学习小组为评价对象都是比较合适的。其中，较为适用的项目内容主要包括队形队列练习，小组篮球、排球、足球等比赛，早（课间）操，各种距离的接力等。评价学习小组的主要目的是促进小组内成员合作能力的发展，促进学生社会适应能力的提高。由于学习小组内学生的成绩具有统一性，每个人的学习表现都会直接影响整个小组的学习情况，所以每个小组内的学生都会承担起对不自觉学习的成员进行监督的职责，从而共同营造积极健康的班级学习氛围，这对于学生集体学习积极性的提高和协作能力的增强具有积极意义。

（三）对体育课特有的教学环境资源积极开发

对于体育课来说，其教学环境、教学载体等都是多样化的，甚至不同年级的体育教师都可以合作，从而使学生的社会适应能力、相互协作与人际交往能力等得到全面的提高，进而使学生积极参与到各类体育活动中。

第六章　大学体育教学管理应用与发展

第一节　大学体育教学管理概述

在现代学校教育教学中，体育已成为其中的重要组成部分。随着现代教育改革的不断深化以及在"终身体育""健康第一"等教学思想的指导下，体育教学在现代学校教育教学中的地位与日俱增。对现代体育教学进行有效管理，已成为当下亟待研究的课题。

一、大学体育教学管理的概念与原理

（一）大学体育教学管理的概念

体育教学管理是一项系统的、综合性的工作，是具有一定管理权力的组织和个人对体育教学的人、财、物、信息、时间等方面进行的综合性管理。具体而言，其管理包括控制、监督、组织、协调、计划等方面。

现代体育教学管理是一个系统的过程，并且其工作内容也涵盖了体育事业的各个方面。体育教学管理是一项综合性的活动，其各个子系统与体育管理总目标保持着一定的一致性。在体育教学管理过程中，各个系统之间是相互影响、相互制约的关系，共同促进了体育教学管理总体目标的实现。

体育教学管理是一个周期性的活动，一般可将其分为三个阶段：第一阶段是计划阶段，这是体育教学管理的首要阶段，这一阶段主要的工作包括对教学和管理中的问题进行分析和预测，确定体育教学管理的目标，并进行相应的决策等；第二阶段是管理的实施阶段，这是管理过程的中心环节，这一阶段的重要工作包括教学管理的组织、指导、协调、检查和监督；第三阶段是体育教学管理的最后阶段，这一阶段的主要工作包括对体育教学管理开展对比、总结和评价等。这三个阶段构成了体育教学管理的周期，三者之间相

互促进、相互联系。

（二）大学体育教学管理的原理

1. 系统原理

管理是一个大的系统，系统中包含着多个要素，这些要素之间相互依存、相互联系。它们按照一定的结构动态地结合在一起，依据整体目标的要求进行组合。通过对系统理论的运用，细致地分析管理对象，从而使现代科学管理的优化目标得以实现，这就是系统原理。根据系统原理，可以总结出体育管理的管理原则，具体如下：

（1）"整—分—合"原则

具体来说，就是先对整体工作进行详细的了解，并在此基础上分解整体，使之由多个基本要素组成，然后对每个要素进行明确的分工，规范每项工作，进行责任制的建立，最后进行科学的组织综合，提高管理功效。

（2）相对封闭原则

管理系统具有系统各要素之间的关系、相关系统外部之间的关系两大基本方面的关系。使系统内的管理手段、措施构成一个连续的封闭回路，进而构成完整的管理，形成有效的管理运动。

（3）优化组合原则

对体育教学系统各要素的组合要科学，只有这样才能提高教学管理系统整体的效益。

2. 人本原理

人本原理是指一切管理活动均应以调动人的积极性、做好人的工作为根本，要求管理者在管理活动中做到以人为本。人是管理活动的核心和主体，在体育教学管理系统中，要以人为本，重视人的工作态度、工作动力、工作能力的观察和挖掘，根据人的能力水平安排工作，从物质、精神、信息等方面为工作人员提供动力支持，使人性得到最完善的发展，以促进体育管理活动的顺利开展。

3. 效益原理

体育教学管理要想实现管理效益的最大化，就必须在对各个环节、工作进行管理时，都要以提高效益为中心，科学、节省、有效地使用有限的人力、财力、物力、智力和时间、信息等资源，这就是效益原理。从本质上讲，管理的根本目的就是效益。因此，体育教学管理也要重视社会经济效益的实现，确定管理活动的效益观。从不同的主体和不同的角度去评估管理效益，并在管理过程中及时协调影响管理效益各因素的关系，促进最佳效益的实现。

4. 动态原理

动态原理是指系统管理目标的实现受人、财、物、时间、信息等因素的影响，再加上管理对象的变化，系统的计划、组织、控制、协调等各个环节必须相应地进行变化，以对管理对象的变化进行动态的适应，从而保证管理目标的实现。在体育教学中，动态原理要求管理者在管理中要给予下级一定的权利，保证管理的弹性，以便及时采取应对措施，保证管理活动的正常进行。此外，还要重视管理过程中反馈信息的收集与控制，通过信息的反馈，控制未来的行进速度，并最终实现管理目标。

二、大学体育教学管理的特点与要素

（一）大学体育教学管理的特点

1. 阶段性

学生的年龄特点以及体育教学的年度教学特征，这些因素对体育教学管理具有重要的意义。在管理过程中，应根据不同的教学阶段开展相应的阶段性体育教学管理工作。因此，现代体育教学管理，阶段性是其鲜明的特点。虽然体育教学管理具有一定的阶段性特点，但是各个阶段之间还具有一定的连续性特征，管理工作应循序渐进，逐步提高。

2. 教育性

体育教学是我国教育系统的重要组成部分，对于学生体质健康水平的改善和学生素质的提高均具有重要的作用。因此，体育教学管理也呈现出一定的教育性特点。在体育教学管理过程中，应坚持"以人为本"的原则，促进学生各方面的发展。

现代体育教育是教育的一个重要组成部分，因此，现代体育管理也必然离不开一定的教育性。我国体育教育教学的总体目标是"以人为本"。因此，现代体育管理也应突出育人的特点，在育人的基础上去调动管理者的积极性、主动性，从而为现代体育管理效益的不断提高创造条件。

3. 系统性

体育教育管理系统运行过程中会面临多方面的问题，分析和解决相应的问题是体育管理系统获得发展的重要推动力。在现代体育教学管理过程中，应坚持系统性原则，将管理工作的整体进行科学、合理的宏观调控，使系统的各方面都能够良性发展，从而形成一个强有力的整合系统。具体而言，学校体育教学管理包括人、物、信息、时间四个方面，对其的管理也是在这四个维度上开展的。在体育管理过程中，应灵活协调这四方面的关系。

4. 方向性

体育教学管理应具有一定的方向性，科学的理论作为开展工作的指导思想，并且贯穿于管理过程的始终。具体而言，就是要在体育教学管理过程中，全面贯彻和执行党的教育方针，为实现学校教育的总目标服务，这也是现代体育管理方向性的体现。

（二）大学体育教学管理的要素

1. 大学体育教学管理的对象

体育管理的对象即为各种管理活动的承受者，但是它不仅仅是人，还包括财、物、时间、信息等各方面的因素。在体育教学管理中，管理对象所指的人主要是基层学校体育工作的操作者；对财产的管理则主要是指对体育教学经费的管理，保证体育教学经费能够合理使用，并创造一定的经济效益；对物的管理则主要是对体育教学过程中所使用的场地、器材设备进行的管理，科学合理地使用这些设备，尽可能提高其使用效率；对时间的管理则是对体育教学的时间和进度进行科学、合理的安排，提高单位时间内的办事效率；对信息的管理则主要是体育教学过程中的各方面信息，如学生的各项生理指标、运动成绩等。通过对这些信息进行有效整合、存储，来提高体育教学工作的效率。

2. 大学体育教学管理的主体

体育教学管理的主体一般为管理活动中承担相应管理职能的人或是相应的组织，即为学校体育教学管理机构。管理者在体育教学的管理过程中处于主导性的地位，负责体育教学管理过程中的计划制订、实施，以及相应的监督、检查等方面的工作。体育管理主体主要是指在体育管理活动中承担管理职能的人或组织。具体来说，体育管理主体即体育管理者或学校体育管理机构。

体育管理者主要包括基层组织管理者和中上层领导者，他们在管理活动中处于主导地位，负责制订计划、组织实施和指导检查等各项工作。管理者根据相应的管理办法来构建相应的管理机构，对教学过程实施科学的管理活动。体育管理机构中管理者的个体素质以及由这些管理者组合起来所形成的集体素质结构，对体育的发展起着十分重要的决定作用。

3. 大学体育教学管理的手段

体育教学管理的手段是指管理者为实现体育教学管理的目标所采取的方法和措施。体育管理手段是体育管理活动赖以进行的条件和方式，其主要包括宣传教育手段、行政手段、法规手段、经济手段等。一般而言，人是体育教学管理中的核心要素，体育管理的目标、计划、决策方案等的制订和实施都需要人的参与来实现。因此，人是体育教学管理的核心，对体育教学管理目标的实现有着重要的影响，应通过多种手段，提高人的积极性和主动性。

三、大学体育教学管理的意义

（一）贯彻落实体育政策、先进理念

为了做好学校体育工作，国家出台了各种各样的政策。政策落实的关键在于管理。要通过学校体育工作管理，健全学校体育工作管理机构，明确各部门之间的职能分工与所承担的责任，充分调动组织与个人的积极性，将学校体育政策、先进理念落到实处。目前，我国学校体育管理工作开始了更深层次的改革，有效贯彻学校政策、理念的学校体育管理模式已逐步建立。开展体育教学管理无疑能够贯彻落实学校体育政策及先进的教育理念。

（二）确保学校体育发展与国家教育方针、政策相一致

学校体育作为学校教育的重要组成部分，管理工作必须与我国的教育方针、政策高度一致。我国现阶段的教育方针为：教育必须为社会主义现代化建设服务，必须与生产劳动相结合，培养德、智、体等全面发展的社会主义事业的建设者和接班人。学校体育教学管理往往以现阶段我国的教育方针作为指导，反过来服务于培养德、智、体全面发展的社会主义事业建设者和接班人的目标，因而能够在一定程度上确保学校体育与国家教育的大政方针保持一致。

（三）提高学校体育工作效率

学校体育教学管理就是调动管理体系内部机构的积极性，发挥资源调配作用，实现学校体育工作效能的最大化。现阶段，学校体育工作效率不高的问题，主要是由体育教学管理工作的缺位、错位、越位所导致的。因此，想要进一步提高学校体育工作的效率，必须加强体育教学的内部管理，不断创新管理体制机制，实现管理效率的最大化。

（四）促进学校体育科学化、规范化和制度化

学校体育教学管理的目标就是建立一个机构健全、职能分工明确的学校体育管理组织体系，形成良好的内部管理机制，使学校体育工作在法律规范之下更有组织、有秩序，更加高效。这个具有良好内部机制的健全管理体系的建立，必将大大促进学校体育工作的科学化、规范化与制度化。

四、大学体育教学管理的原则

"随着国家素质教育教学改革的持续深入，学校体育课程管理工作在各类课程管理体系中的功能日益凸显。"[①] 学校体育管理在决策和实施中，应遵循以下原则：

（一）整体性原则

学校体育管理的整体性原则是指在培养全面发展的学生这一目标上，学校要将体育管理纳入学校教育管理，摆正学校体育的位置，处理好局部与全局的关系。

（二）系统性原则

学校体育教学管理实际上是由两个子系统组成的大系统：第一，学校体育工作子系统，包含体育教学子系统、课外体育活动管理子系统、业余训练与竞赛子系统等；第二，体育专业与学科建设子系统，包括体育专业建设和体育学科建设。因此，体育教学管理要坚持系统性原则。具体来说，管理者要从整体上把握学校体育教学管理的运行规律，运用系统方法调节和控制学校体育管理活动，将学校体育教学管理系统有机整合，以实现既定的目标。此外，管理者既要根据每一个子系统的特性实施管理工作，同时又要将每一

① 张继贵.我国高校体育教学管理的困境及解决措施 [J].黑龙江工业学院学报（综合版），2022，22（9）：148.

个子系统置于学校体育这个大系统之下统摄每一个子系统的运行。

（三）动态性原则

学校体育管理的系统是运动变化的。因此，体育教学管理要坚持动态性原则，即管理者必须以动态的观点把握学校体育管理系统的规律，及时调节和控制各个环节，以保障学校体育管理目标的实现。不同的地区、不同的学校、不同的学生使学校体育管理所处的环境和管理对象千差万别，在管理中必须要考虑差异性，考虑各种不同的相关因素，为管理的实施留有可调控的余地，根据时间、地点和人员的不同，采用适宜的管理方式，以提升管理的效果。从学校体育管理的过程来看，动态性原则要求做到计划和决策的动态性、组织和领导的动态性、执行和控制的动态性。

（四）人本性原则

人本性原则是指学校体育教学管理的一切活动都要依靠人、培养人和发展人。这主要是说要在学校体育管理的过程中坚持"以人为本"，调动人的积极性，做好学校体育工作；学校体育管理的一切活动要以培养人和发展人为目标。学校体育管理系统中涉及的人主要有三类：学生，管理的主要对象；教师，学校体育管理工作开展的主体和对象；学校体育管理人员，实施学校体育管理的主体。在学校体育管理中，坚持人本性原则时，就是要善于利用物质激励、精神激励等各种激励手段调动各类人员的积极性和创造性，通过各种有效手段和方法，保障一切活动都是为了人。

五、大学体育教学管理的方法

学校体育教学管理方法是指为保障学校体育管理活动的顺利进行、正确实施管理职能、全面实现管理目标而采用的手段、途径或措施的总称。它直接影响和制约着管理行为的有效性。概括来说，体育教学管理的方法主要包括以下类型：

（一）法律方法

法律方法是指运用有关学校体育的法律、法规、规章及司法仲裁等程序管理学校体育的方法。依法治教和依法治校是学校体育管理的重要指导思想，法律方法是现代学校体育教学管理的重要方法。在其适用范围内具有普遍的约束力，它有利于实现管理的公平、公正、公开，维护学校体育管理秩序，建立健全科学有效的管理制度，从而有助于促进学校体育工作的开展。

在学校体育管理中，要正确运用法律的方法，既要严格遵守现行的法律法规和规章，做到依法治教、依法治校，还要不断总结经验，加强学校体育工作的立法，建立健全学校体育的法律制度，使符合客观规律和行之有效的管理方法和制度用法律法规的形式固定下来，真正做到有法可依，有法必依，执法必严，违法必究。

（二）行政管理方法

行政管理方法是指有关行政部门按照行政隶属关系，按照国家的学校体育方针政策及发展规划对下级进行管理的方法。这种方法是管理工作中最普遍、最常用的方法，尤其是对于需要高度集中的领域，更具有独特的作用。行政管理方法一般是采用命令、指示、规定、条例、决议、指令性计划、规章制度等方式，具有权威性、强制性、垂直性、直接性、时效性等特点。

学校体育教学工作的行政管理可以通过两方面来达到管理目的：第一，颁发有关学校体育的法规、条例、规定、规划、计划、通知及规章制度，要求有关单位执行；第二，通过分级（上级对下级）的指导、检查督促和评估，以考量有关文件的落实情况。

（三）目标管理方法

目标管理方法是指根据学校体育工作的规划和计划，制定出具体的目标，并通过实施去达到目标的方法。这种方法常用在体育课教学、课余体育训练和竞赛等方面。例如，制订并完成体育教学计划，使学生达到和完成既定的目标任务。制定训练和竞赛的目标，力争在竞技比赛中取得理想的成绩。通过总结以往的体育工作情况，制定本学期学校体育工作应达到的目标，并通过各种手段和途径来实现既定目标。在运用目标管理方法时，要注意实事求是，尊重客观规律，制定的目标不能过高或过低，否则目标管理方法就失去了意义。

计划的制订并非一成不变，主观判断的失误或客观形势的变化，都会导致原定的计划不切实际。学校体育工作的管理者应当经常进行调查研究，不断总结经验，及时掌握情况，善于发现问题，并及时调整计划，采取有效措施，在学校体育管理工作中始终保持主动权，以保证有关学校体育工作的计划顺利进行。

（四）经济方法

经济方法是指运用经济手段来调解学校体育系统内有关方面的经济利益

关系，以调动人们的积极性和主动性，使学校体育教学工作达到预期的经济效益和社会效益。

学校体育教学管理中的经济方法主要是通过经济杠杆来充分调动体育管理者和被管理者的工作积极性和主动性。在宏观上，通过发挥价格、税收、信贷等经济杠杆的作用，调整和控制学校体育管理中的经济活动；在微观上，通过工资、奖金、罚款等制度，调节国家、集团和个人的经济利益关系，充分发挥经济杠杆的激励作用。当然，经济方法应该与法律方法等其他方法结合并用，以防止过于追求自己的经济利益而不惜牺牲国家、社会和他人的经济利益的现象出现。

第二节　大学体育教学与训练活动管理

一、大学体育教学活动管理

在学校体育教育管理中，体育教学活动管理是最为重要的一项管理内容。体育教学活动管理的好与坏直接反映着体育教育管理质量的好与坏。体育教学活动管理的内容有很多，主要从以下方面进行论述：

（一）课前备课管理

良好的备课有助于体育教学活动及其管理的顺利进行，是保证体育教学活动质量的重要途径和方法。因此，体育教师要开展体育教育活动，就必须要备课。体育教师的备课这里不再多说。至于备课管理，学校教学管理者应做到三点：第一，根据教师的实际上课情况，对教师的备课提出具体要求，如教案规范、详略程度等；第二，定期或不定期对体育教师的教案进行评比，或者可以组织一定的集体备课来提高教师的备课规范性；第三，辅助或监督体育教师的备课，尤其是在教师需要帮助的情况下，尽力为其提供便利。

（二）运动负荷的管理

身体锻炼的目的是发展体能。在体育教学活动中，可以通过各种游戏活动、身体素质练习、技能练习等来发展学生的体能。但是，体能的发展不仅靠课堂教学，还要靠学生在课外积极主动地进行锻炼。体育教师不仅要有调动学生积极参与锻炼的能力，还要具备组织学生进行身体锻炼的组织与管理技能，使学生在承受较大运动负荷的基础上充满乐趣，真正体验到苦和累都是快乐。因此，体育教师应根据学生的具体情况，选择合适的练习内容，确定合适的运动负荷，在体育课堂教学中实现发展学生体能的目的。

（三）教学秩序的组织与管理

好的体育教学活动，既要有约束又要有自主，要做到约束合理、自主适当。因此，处理好体育课堂教学中的约束和自主是体育教师进行体育教学活动组织与管理时必须处理好的一对矛盾。

（四）教学任务的组织与管理

管理的组织职能贯穿于体育教学的全过程。没有科学、严密的组织工作，就无法实现体育教学预定的目标任务。体育教学的组织过程，就是围绕教学目标，对人、财、物、时间、信息等因素的配置和调整。

第一，根据管理组织职能所包含的内容，体育教学活动的组织要按照学校类型、规模大小，建立体育教学部（教研室）、教研组、专项组以及与之相配套的场馆、器材室等这样的学校体育组织管理机构。

第二，对每一层次人员进行职权分工，确定职责范围，明确各层次或横向间的协调关系。

第三，优化配置各层次组织管理人员，做到人尽其才，如哪位教师可以做室主任、哪位教师可以上健美操课、哪位教师可做某一项目的学科带头人等。

第四，建立各层次体育教学管理规定，做到有规可循、有章可依，如制定体育教学考勤规定、教法研究规定、体育课考试管理规定、器材借用规定、教案检查评比规定等。

在体育教学活动的组织中，体育教师是实践体育教学活动组织管理的最基层成员。他们所从事的每一堂体育课教学都离不开组织管理职能的发挥，否则就无法组织一堂成功的体育课教学。但在以往的组织教学管理中，体育教师经常未把自己视为一名管理者。这一点需要体育教师特别重视。

（五）教学活动结束后的管理

第一，按照规定的时间结束教学活动。

第二，体育教师做好本次教学活动的总结工作，同时进行相应的点评，也可以让学生对本次教学活动过程中的一些问题进行讨论，得出一些有益的经验教训，以便在下一次教学活动中有更好的表现。同时，教师还应当对下一次教学活动进行一定的介绍，让学生在课余做一些相应的准备。

第三，组织学生将体育器材收回，并清理干净运动场地。在收拾体育器材的过程中，应分类放置体育器材。例如，常用的和不常用的分开放，金属的和非金属的分开放，大型器材和小型器材分开放，羽毛球拍、网球拍等要悬挂整齐，篮球、排球、足球、铅球等要上架，服装、小件器材要入柜。与此同时，学生和教师都要检验使用过的体育器材，查看是否完整、完好，如果有破损的，则要挑选出来并做好记录。

（六）意外伤害事故管理

在体育教学活动中，身体实践占有很大比例。这也就使学生在体育教学活动中很容易遇到意外事故。因此，做好学生的意外伤害事故管理很有必要。

对于体育教师来说，要合理组织教学过程，尽量避免学生发生意外伤害事故。如果出现意外伤害事故，针对轻伤者，应及时送往医务室治疗，针对重伤者，在做正确处理后，立即送医院抢救，更为严重的，在送医院的同时要立即通知家长、学校领导和当地派出所或有关部门。此外，对于意外伤害事故，体育教师应详细汇报伤害事故发生的时间、地点、原因、后果与处理措施等具体情况，必要时保留人证和物证。

对于学校管理者来说，需要做到三点：第一，及时监督检查体育教学设施，看其是否符合安全标准，如有破损，及时进行维修或更换；第二，根据学生的具体情况，建立健全各项管理和保护学生安全的规章制度；第三，监督教师履行职责，根据实际情况采取必要措施，预防和消除可能在课堂或者活动期间造成学生人身伤害的危险。

二、大学体育训练活动管理

体育训练是为竞技体育培养后备人才的一种体育教育过程，目的是发展具有体育特长的学生的体能和身心素质，提高他们某项运动的技术水平，主要在课余时间安排训练。

（一）运动队的组建

运动队的组建是学校课外体育训练顺利进行的根本保障。组建好运动队，不仅有利于培养体育后备人才，而且有利于发展我国全民体育和基层体育事业。

1. 确定训练项目

确定训练项目是组建学校体育运动队的第一步。这是开展后续工作的先决条件。对于一般学校而言，确定训练项目要考虑的因素是该项目在本校的群众基础，应该在群众基础性高的项目上着手，逐渐深入发展多个体育项目，还要考虑的是学校的师资力量、场地设备和生源现状。从具有体育传统项目的学校来看，其运动队训练项目一般情况下是由教育和体育主管部门根据当地体育发展现状和经济条件协调而定。学校在建立运动队的初期，一定要集中精力搞好一两个项目训练，并逐渐形成传统。

2. 选拔运动员

科学地选拔运动员是竞技体育发展成功的前提。学校体育训练旨在为国家培养优秀的后备人才。因此，在运动队的组建中，学生运动员的选拔很重要。选拔可根据运动项目的特点和要求进行。具体来说，选拔者要在专业教练的指导下，用科学的方法对部分在校学生各种素质的相关指标进行测试和预测，然后再经过一段时间的观察，准确地挑选出身体素质各方面条件优越、适合从事某个运动项目训练的人才，通过学校科学化、系统化的训练，为运动员将来创造优异成绩打下扎实的基础。

选拔参加专门体育训练的学生要考虑多方面的条件，如遗传因素、年龄因素、运动素质提高的敏感期、心理素质、家庭因素和社会舆论等。此外，学生参与体育训练时不仅要注重学生的品德修养，还要保证学生的文化学习成绩，使学生运动员达到学校教育标准，进一步促成全面人才的培养。

3. 制定运动队规章制度

运动队规章制度是学校体育管理制度的组成部分，具有强制性的特点。建立各项规章制度，旨在加强对学校体育训练及运动队的科学管理。为实现这一管理目标，一般可以制定以下规章制度：

（1）训练制度

训练制度主要指建立严格的作息制度，充分利用每次训练时间，不得额外占用学生休息时间进行训练。

（2）比赛制度

根据校内外比赛的任务和规模大小，应对参加比赛的学生提出具体要求，包括遵守纪律、服从裁判、尊重观众、团结一致、顽强拼搏、赛出风格、赛出水平等。

（3）教练员责任制

建立教练员责任制就是要求教练员具有高度的责任感，认真实行训练计划，努力提升学生的运动水平，并且对学生的训练、学习、生活、思想等方面做到全方位关注，推动训练工作顺利进行。

（4）学习检查制度

学校规定一个固定的、周期性的时间，对学生的学习成绩、课后作业完成情况、思想状况等进行检查。完成情况好的学生要给予肯定与表扬，对于差的学生要说服教育，并及时安排教学辅导工作，不能使学生因为体育训练耽误学业成绩。班主任要特别关注参训学生的情绪变化，定时定期地对学生进行心理辅导，使学生意识到适当的体育训练也能促进文化课的学习。

（5）奖惩制度

学校对运动成绩和学习成绩均好的参训学生要给予奖励，如减免学杂费或给予其他精神与物质奖励。对于文化课不及格的学生，应该给予适当的处罚，并要求补考。

（二）体育训练活动计划的制订

训练计划是保证实际训练目标的可操作性方案，是保证学校体育课外体育训练顺利进行以及进一步提高学生运动员体育成绩的重要环节。课外体育训练计划要从学生的身体素质、运动能力、生理和心理特点等实际情况出发，根据不同运动项目的特点和训练周期，制订明确的训练计划。

1. 年度训练计划

年度训练计划一般按学期和季节划分为秋季、冬季、春季和夏季四个阶段。总的来说，不管是哪个阶段的计划，都应当包括以下内容：

第一，上一阶段的训练情况和本年度的训练目标。

第二，每个训练阶段的训练任务、训练比重以及训练负荷的安排。

第三，学生身体素质、技战术、心理训练，以及运动成绩所要达到的指标和要求。

第四，训练之后，进行比赛的时间安排。

第五，检查评定训练效果的时间与方法等。

2. 阶段训练计划

阶段训练计划是根据年度训练计划中所规定的各阶段任务、内容、要求和训练次数等而制订的。与年度训练计划相比，阶段训练计划的内容更为具体，它能使训练内容的安排、主要训练手段的选择和负荷量的确定更加切合训练过程的实际。

阶段训练计划根据训练任务或重点的不同，分为基础训练阶段计划、准备比赛阶段计划、比赛阶段计划、恢复阶段计划和临时性短期集训计划等不同类型。基础训练阶段计划是阶段训练的准备计划，主要是如何逐步增加运动员生理负荷的计划；准备比赛阶段计划是在参加比赛前专门安排的训练计划，主要是进行模拟比赛的训练，以适应比赛的场地、气候、环境等；比赛阶段计划是比赛期最主要的训练计划，其内容和训练方法、手段，主要根据正式比赛任务的需要来选择安排；恢复阶段计划是在比赛期后进入休整期的一种训练计划，主要是调整身心状态，消除疲劳，使机体得以恢复；临时性短期集训计划是为准备某个特定的比赛，为学生创造较好的训练条件，以求在比赛中能够表现出较高的竞技水平。

制订阶段训练计划要从学生的具体情况出发，要明确阶段训练的时间、身心负荷安排的节奏，以及阶段训练的重点内容、解决的难点问题等。

3. 周训练计划

周训练计划是指根据阶段训练计划，并结合体育训练活动开展的实际情况制订的一个星期的训练安排。比如，每周安排 3 ~ 4 次体育训练，每次训练时间为 1.5 ~ 2 小时。一般来说，学生年龄越小，持续训练的时间应越短。周训练计划应根据不同的训练内容，如技战术训练与身体素质训练等交替实施。

4. 课时训练计划

课时训练计划是最基础的训练计划，是根据周训练计划以及体育训练实际情况，包括学生身心状态、具体训练要求、气候等，对一次训练课所做的具体安排。学校课余体育训练的课时计划内容通常包括训练目标与要求、课的进行程序、课的内容与主要手段、课的组织形式、课的时间与负荷安排等，一般可采用教案的形式或学习卡片的形式。

在制订体育训练计划的过程中，制订者要特别注意两点：第一，至少要把最主要的内容条目罗列完整，并尽量按照一定的逻辑顺序进行排列；第二，各主要条目所写内容须能准确表达训练计划及安排，至少要让专业人士明白训练计划表中每项内容的含义。

第三节　大学体育教育经费与师资队伍管理

一、大学体育教育经费

体育教育经费是指专门用于学校体育工作的费用。学校体育经费主要包括教学、科研、课外活动、训练以及竞赛等各项费用。对体育教育经费进行管理能够最大限度地发挥经费对体育工作的保障作用。因此，学校要重视体育工作中各项经费的有效筹措、安排与使用等。

（一）体育教育经费的来源

学校体育经费主要来源于事业拨款、学校筹措、社会赞助和学校体育部门创收。

第一，事业拨款是根据国家相关法律规定，地方政府部门、教育行政部门和体育行政部门对学校体育工作的经费支持。它属于专项经费，是学校体育经费的基本保障。因此，这一部分经费应做到专款专用。

第二，学校筹措经费是学校从内部创收中用于体育方面的经费，主要用于体育教师的薪金。

第三，社会赞助经费是指社会企业、慈善组织、慈善家、体育运动员等用于赞助学校体育场馆建设、举办赛事、运动员培养和体育科研方面的经费。它是拓展学校体育经费的重要途径。

第四，学校体育部门创收经费是指体育学院（系、部、室或组）、体育教师、运动队等通过社会服务获得的经费收入。

（二）体育教育经费的投入

体育经费是开展学校体育工作的财政保障。当前，我国高等院校的体育经费十分有限，应合理增加学校体育经费的投入。

1. 保证学校体育经费的事业拨款部分

根据《学校体育工作条例》《教育部国家体育总局关于进一步加强普通高等学校高水平运动队建设的意见》《普通高等学校体育场馆设施、器材配备目录》等法规文件的要求，学校必须将一定数量的教育经费用于体育工作。

对此，学校体育教研部门要依法合理地保障这一部分事业拨款的使用。

2. 扩大社会赞助经费

社会赞助经费是学校体育经费的重要来源，学校体育教研部门应提高学校体育工作的影响力，通过各种课余活动和体育竞赛等吸引企业冠名、社会赞助。

3. 适度开展体育创收

在课余时间，学校应努力将体育场地设施向公众开放，收取设施租用费，引导教师和学生参加社会体育服务活动，在促进学生社会实践的同时获取部分报酬，发挥学校体育人才资源的优势，面向社会开展体育培训、开设体育俱乐部，进行经营创收，以获取一部分体育工作发展的经费。

（三）体育教育经费的预算管理

学校体育教育经费预算是经学校法定程序审核批准的体育工作费用收支计划，规定了学校体育经费收入和支出的范围及数量，是用数字编制的学校体育工作计划。它可以反映一定时期内学校体育工作的政策、资源调配及工作方向，可以预测学校体育工作未来发展状况，估算各项体育工作所需的费用。体育教育经费还可以为实施控制工作提供定量化的标准。由此可见，体育教育经费预算相当重要，学校要重视预算管理。

1. 体育教育经费预算的编制

经费预算的编制需遵循科学的程序，以实事求是、准确细致和规范透明为原则。具体来说，编制学校体育经费预算首先应做好预算准备与预算分析。

（1）预算准备

预算准备主要是摸清学校体育教育经费的现状，了解预算的环境和基础。

首先，总结上年度学校体育经费预算执行的情况，分析新年度学校以及体育预算的形势，总结执行情况，分析以往体育经费收支和业务活动变化的规律，指导新一阶段的预算，把握政府及学校经费预算的新政策，及时了解经费预算的工作动向，使体育经费的预算符合相关政策的要求，并利用政策促进体育经费预算的科学化。

其次，调查学校体育的基础资源，摸清学校体育设施、经费收支、体育工作、学生数量等方面的基本情况，明确体育经费预算的依据。

（2）预算分析

预算分析主要是详细列出各项学校体育工作的收支情况，制定预算清单。依据学校体育工作的目标，结合年度学校体育工作计划，分析所需开展的各项体育工作，详细列出收支情况。学校体育工作的预算分析主要包括以下方面：

一是公共体育教学预算。完善的公共体育教学需要体育场地、体育器材、相关支持体系，该部分预算需要考虑体育场地的维护保养费用、体育器材更新费用、相关支持体系的维护费用。

一般来说，体育场地设施应及时维护修理，这有利于延长体育场地设施的使用寿命。因此，预算中要考虑体育场地设施的维修费用。

做好体育器材预算，目的是保持体育器材的常量，满足体育教学的需求，这需要考虑同时上课的班级以及学生数量，考虑体育器材的使用寿命（尤其是易耗易废器材）。例如，体育教学所需的篮球，最多同时上篮球课的班级为 20 个，班级学生为 40 名，在篮球教学中应保障每两个学生有一个篮球，那么就需要 400 个篮球。假设篮球的平均使用寿命为 3 年，就需要定时定量地更换篮球。预算中应该计算该年度所需更换篮球的总费用。

相关支持体系主要是指支持体育教学的信息以及资源系统，如实验室、体育课程选课系统等维护更新费用，该类费用也需要列入体育经费预算中。

二是课外体育活动经费预算。开展课外体育活动同样需要体育场地、器材、奖品等，所以一定的经费支持是少不了的。体育场地和器材可以与体育教学一起预算，其他经费则需要单列预算分析。随着学校"阳光体育"运动的开展，课余体育经费活动次数增多，配套费用增多，所需经费数量越来越大。常用的课余体育竞赛经费预算项目包括奖品、奖章、证书、横幅、服装、饮用水等，规模较大的院校还需要信息化支持系统。此外，大型的课外活动，如全校性的综合性运动会、体育文化艺术节，需要经费数量较大，需要单独制定预算，预算要依据以往该类活动的经费收支情况进行。

三是体育训练活动与竞赛活动的经费预算。体育训练需要专门的场地、器材和配套设施，并需要计算运动队建设、学生与教练员的补助费用。参加各项体育比赛需预算注册、交通、运动装备、食宿等费用。制定预算还要考虑参加比赛的次数和规模。因此，在体育教育经费的预算中，也要把体育训练活动与竞赛活动的经费考虑其中。

四是体育科研经费预算。体育科研是推动学校体育工作的重要动力。做好体育科研工作需要购置科研器材、建立实验室、购买图书资料、开展调研等。

在体育教育经费的预算中也要将这些费用明确列出，并进行预算。

五是预算体育创收情况。管理者还应当分析可能的创收经费，包括社会赞助费用、场地租赁费、社会服务收入等，并依据以往工作的经验预测收入数量。

管理者一般是在以上预算分析的基础上，制定学校体育教育经费预算清单，明确列出学校体育工作开展所需要的各项经费，并将经费的数量和用途标注清楚。

2. 体育教育经费预算管理的基本流程

体育教育经费预算管理的基本流程如下：

（1）审定预算

审定预算需要"两上两下"："一上"是学校体育管理部门编制体育经费预算，并上报学校财务部门；"一下"是财务部门提出整改意见，下发给体育管理部门；"二上"是体育管理部门整改经费预算并再次上报预算；"二下"是经过预算会议以及学校领导的审批后，体育经费预算成为法定性文件，并下发给体育管理部门。审定体育经费预算的主要依据是学校经费预算、学校体育工作计划等相关文件。

（2）执行预算

体育管理部门应严格依据学校体育预算使用经费，实施精细化管理，将预算执行具体到每一项任务、每一个设施和每一个人。

（3）监督预算

实施预算管理必须做好监督，评估预算的绩效，并反馈到新一轮的预算中。体育管理部门和财务部门要核对每一年的预算绩效，检查预算的执行情况和执行效果，对于完不成任务或者绩效水平过低的要降低预算，甚至取消预算。

（四）体育教育经费的使用与控制

1. 体育教育经费的使用原则

学校体育经费使用的范围主要包括常规经费、建设和购置经费。常规经费包括维持行政办公、体育教学、体育科研、体育活动、体育训练和竞赛、场地器材维护和保养、实验室维护、图书资料室运行等费用。建设和购置经费主要是指建设体育场馆、购买体育器材设备等费用。为了使学校体育经费得到充分的使用，发挥其真正的作用，应遵循以下原则：

（1）规范合理原则

学校应当建立经费审批制度、使用制度和相应的会计制度，按照规章制度使用经费。制度外的经费使用必须遵循学校的相关规定，严格贯彻负责人、财务和经办人签字制度。数额较大的设施设备建设与购置，必须严格实行招投标制度，遵照《中华人民共和国招投标法》的相关规定，公开、公平、公正、诚信地进行招标和投标工作，促进体育经费合理、合法使用。

规范合理地使用经费必须要建立监督机制和岗位责任制，发挥上级部门、基层群众的监督作用，公开经费使用的相关事宜，在监督之下使用经费；落实财务使用责任制，将经费的使用责任落实到人；监督经费的使用情况，及时反馈信息到责任人，并作为绩效考核的重要内容。

（2）精打细算原则

学校体育教育经费相对有限，在使用过程中必须做到精打细算、勤俭节约。学校体育经费的使用要仔细论证，能节约的要节约使用，可用可不用的要尽量不用，可以不使用的就不用。在经费使用中，应避免盲目性和随意性，并核实每一笔经费的细节，使经费用到最需要的工作环节上。

（3）专款专用原则

专款专用能够更好地执行预算，提高工作效率，保障经费使用的有序性。一方面，学校体育教育经费不能克扣或转作他用，必须专项用于学校体育工作；另一方面，体育教研部门也要专款专用，严格依据预算执行体育工作经费，无特殊情况不得随意调整和变更。

（4）效益最大化原则

学校体育教育经费管理的重要目的之一就是提高经费的使用效益，最大限度地发挥经费对体育教育工作的保障作用。因此，在学校体育教育经费的使用中，要贯彻落实效益最大化的原则，确保每一部分经费都能够实现效益，使整体的经费实现系统最大的效益。

（5）保障重点原则

学校的体育教育经费是有限的，但体育工作需要经费的地方很多。这就要求学校要将有限的经费用到最重要的体育工作上，保障重点工作的开展。坚持保障重点原则，需要在预算中做到轻重分明，重点任务多保障预算。当出现经费不足的情况时，先保障重点经费，再解决一般经费。

（6）民主决策原则

学校体育教育经费的使用必须坚持民主决策的原则。民主决策有利于集思广益，实现经费使用效益最大化；有利于调动各个层面的积极性，促进工作的开展；有利于促进经费合理合法地使用，防止工作失误。

坚持民主决策原则，需要体育教研部门结合实际情况，召开经费使用决策会议，决定经费的投入方向，定期分析审议经费的使用情况，监督检查经费使用的执行情况。尤其是对涉及经费数额较大的体育设施建设与维修工作，不但要进行部门内的决策讨论，还要将其纳入学校办公会议进行研究。

2. 体育教育经费的控制方法

学校体育经费的控制是指监督学校体育经费的使用情况，保障学校体育工作的顺利开展，提高体育经费的使用效率。学校体育经费控制需要遵循一定的控制过程，即制定标准、衡量绩效、纠正偏差。学校体育经费控制的方法如下：

（1）预算控制

预算控制是根据学校体育教育经费预算的收支标准来检查和监督学校体育经费的运行状况，从而保障学校体育经费使用到位，保证经费的使用效益，防止经费收支的盲目性，实现既定的控制目标。编制预算实质上就是制定经费控制标准，明确经费的使用范围和使用数额，为预算控制提供量化的依据。依据学校体育经费预算标准，与经费的运行相对照就可以发现执行的偏差。结合偏差，根据预算，就可以实施纠偏，使经费的使用转入正轨。

（2）审计控制

审计控制是对反映经费执行过程和结果的会计记录和财务报表进行审核、鉴定，以判断其真实性和公允性，从而起到控制作用，是一种较为独立的经济监控活动。根据审计主体的不同，学校体育教育经费审计可以分为内部审计和外部审计。内部审计主要是学校体育教研部门内部开展经费审计工作。外部审计主要是体育教研部门外部机构开展的审计。学校体育教育经费的审计控制主要是通过对学校体育教育经费的使用程序、使用记录、使用结果进行核对检查，判断经费使用的真实性、合法性、准确性和有效性。

一般情况下，通过审计可以发现学校体育经费使用存在的偏差，然后采取纠正偏差的措施，控制经费的使用。

二、大学体育师资队伍管理

体育教师是体育教育的实施者和研究者，是学校教师队伍中的重要成员。在体育教育管理中，体育教师既是学校体育教育的管理主体，又是学校体育教育管理的对象。一支优秀的体育师资队伍是实现学校体育教育目标的重要前提，是做好学校体育教育管理工作的保证。因此，学校一定要重视体育师资队伍的管理。

（一）体育师资队伍编制规划

学校体育师资队伍编制规划应考虑学校体育当前的状况和未来的发展需要。因此，规划中需要综合考虑以下因素：

第一，师生比例。师生比例合适才能保证教学质量，教育部相关文件中提出的标准为：教学师生比 1：30，训练师生比 1：8。

第二，学校体育的工作职责和工作量。工作职责一般包括体育教学、课余体育活动、课余体育训练和课余体育竞赛等任务。具体工作量要根据教学数量和其他体育活动的工作量进行计算。

第三，学校体育工作未来发展所需体育教师的数量。从当前的学校体育发展来看，未来学校会开展阳光体育运动、学生体质健康测试，加大课外体育活动工作量，开展更多运动训练等。这些都需要一定的师资力量。

第四，国家的政策法规。依据《学校体育工作条例》等学校体育法规对教师编制进行规划。

（二）充实体育师资队伍

在做好体育师资队伍编制规划后，学校应着手优化现有体育教师的结构，根据需要招聘体育教师。招聘体育教师要通过公布招聘信息、笔试、面试、试讲等程序选择最为合适的人选，招聘中要兼顾教师的知识与技能、思想素质、业务素质和身体素质。

（三）体育教师的职业发展规划与培训

体育教师的培训发展是加强对体育教师管理、促进体育教师个人发展的重要手段，也体现了学校体育管理中对教师的关注。体育教师的培训发展包括以下方面：

1. 体育教师职业发展规划

体育教师职业发展规划是指在学校体育管理部门的指导下，根据体育教师自身的优势和特点，结合学校体育工作发展的需要，帮助体育教师制定个人职业发展规划，从而促进体育教师的职业发展以及学校体育工作的开展。

制定体育教师个人职业规划应该做到三点：第一，明确职业发展目标，包括体育业务水平的目标、体育教学水平的目标、理论水平的目标等；第二，制订教师职业发展计划，包括实现目标的途径和具体的实施方案等；第三，确定实现职业生涯发展的阶段性检查标准，衡量落实职业发展计划的情况。

2. 体育教师培训

培训是完善体育师资队伍的重要手段。体育教师的培训既包括职前培训，也包括在职培训。这里主要说的是在职培训。

（1）在职培训的基本过程

一是培训需求调查。培训需求源自学校体育发展的组织需求、体育教师发展的个人需求和经济社会发展的社会需求三个方面。获得需求信息可通过调查问卷、培训访谈等进行，获取社会、组织和个人的需求信息，对信息进行科学分析，以明确培训的目的和要求。

二是培训计划。当前，体育教师培训的形式主要包括教研活动、学术交流活动、短期集中培训、函授和参加更高学位的学习等，培训形式较多、培训内容复杂。因此，培训要依据需求信息，结合学校的具体情况，选择合适的形式和内容，制订科学的培训计划。

三是培训实施。培训实施主要是指依据培训计划组织实施培训，培训时学校主管教育培训的领导要参加，而且要制定培训制度，保证培训效果。

四是培训反馈。培训结束后，组织培训人员进行个人总结，培训主管部门要评估培训效果，以利于改进以后的培训工作。

（2）在职培训的形式

当前，我国体育教师在职培训主要采用以下培训形式：

一是研训一体式。这种培训形式是指体育教育教学研究与培训相组合，二者融为一体。这种培训形式充分利用各种教育资源，以科研为先导，以问题解决为目标，将各种培训模式有机整合，特别强调研究者与教师的密切协作，可以提高中学体育教师的科研能力、写作能力、语言表达能力和思维表达能力，使教师通过研究在理论和实践上都得到发展。

二是校本培训式。这种培训形式是指为了满足学校和教师的发展目标和需求，以学校为基地的在职培训。教师培训由学校自身组织、领导，依靠学校优秀骨干体育教师带动其他教师，互教互学，共同启发提高。因此，体育教师可以不脱离自己的工作岗位进行学习，从而有效缓解工学之间的矛盾。

三是巡回流动培训式。这种培训形式是指有计划地分批组织培训者到基层中小学进行理论与实践紧密结合的现场专题培训，送教上门。它特别适合我国边远山区或欠发达地区中小学体育教师参加在职培训。

四是远程培训式。这种培训形式一般分为函授教育、广播电视教育和现代远程教育三种。目前，在其他学科的教师在职培训中，该形式发挥着重要的作用，而在体育教师在职培训中应用得还不太广泛。不过，随着现代信息技术的发展，这种培训形式必将在我国今后体育教师的在职培训中发挥重要作用。

（四）体育教师的绩效管理与薪酬管理

1. 体育教师的绩效管理

体育教师绩效管理是指为实现学校体育的目标，对体育教师的工作绩效进行评估、反馈和提升的循环管理过程。绩效管理工作主要包括以下方面：

（1）绩效评估

体育教师的绩效评估主要包括行为评估和结果评估。行为评估就是对体育教师所从事的日常工作行为进行评估，包括出勤率和工作完成率等。结果评估就是对体育工作的效果进行评估，包括学生体质健康状况、体育技能水平、体育训练水平和体育竞赛成绩等。

（2）绩效反馈

绩效反馈是指管理者将绩效评估的结果反馈给组织和教师个人。反馈的形式可以是书面通知，也可以是面谈交流，但无论采取什么形式，都要将评估的结果客观、准确地传达到个人，使体育教师明确自己的工作绩效。绩效反馈要明确一个理念，就是通过反馈，帮助体育教师积累工作经验，并发现不足。

（3）绩效提升

绩效提升是绩效评估与绩效反馈的目的，是在绩效反馈的基础上，根据绩效表现进行绩效改善和提升。具体来说，绩效提升涉及以下方面的工作：

一是体育管理部门通过会议、会谈、培训、交流等方式，为绩效较低的体育教师提供方法的指导。

二是体育教师本人要做好个人总结，总结上一阶段绩效表现，为提升绩效寻找途径。

跟踪管理也是绩效提升过程中的一项重要工作。不管是学校还是体育教师个人，提出绩效提升的方法途径后，都要积极贯彻落实。体育管理部门要密切关注每位教师的绩效行为，以保障前期提出的方法得到落实，绩效得到提升。

2. 体育教师的薪酬管理

科学的薪酬管理是对体育教师进行有效管理的一种方式。只有在合理的薪酬制度和薪酬标准下，体育教师才会更好地进行工作，发挥自己真正的工作价值。

在体育教师的薪酬管理中，薪酬制度的制定是非常重要的。薪酬制度必须要结合体育教师的工作特点。体育教师工作范围较广，涉及教学、科研、课余活动、训练、竞赛等诸多内容，工作环境多变，不但包括室内，还涉及室外，工作性质既包括脑力劳动又包括体力劳动。因此，薪酬制度的设计要考虑体育教师的上述工作特点。

薪酬制度必须与管理制度相适应。体育教师的薪酬要与工作量、工作绩效紧密结合，要与培训发展和组织贡献紧密结合。科学的薪酬制度可以鼓励教师积极参加培训，提高工作能力，提升工作绩效，高水平地完成学校体育工作任务。

（五）体育师资队伍管理的发展与完善

1. 建立实用的人才观

人才是学校体育发展最重要的组成部分之一。体育师资队伍管理必须树立"不求所有，但求所用"的人才观，善于引进人才和使用人才。一方面，积极争取学校的相关政策，引进教学能手、学科带头人和高水平的教练员；另一方面，适量聘任高水平的兼职教师，促进专职教师和兼职教师间的相互交流和学习。

2. 建立多元化的鼓励教师发展的渠道

人事匹配，人尽其能，往往是学校人力资源管理的重要任务。在学校体育师资队伍的管理中，为了使体育教师更好地发挥自身优势，实现自身价值，应该建立多元化的鼓励教师发展的渠道。换言之，从教学、科研、训练与竞赛、社会服务和行政管理等方面去引导体育教师更好地发展自己。

（1）教学方面

体育学院（系、部、室或组）可以为具有教学优势的体育教师提供教学的保障条件，帮助其参加各级优秀教师等荣誉的评选，并给予相应的待遇或者奖励。

（2）科研方面

学校可以建立专门的科研实验室、图书资料室等，给那些具有科研优势的体育教师提供参加学术会议和科研会议的机会，使他们施展才华，发表科研论文，参评各种科研奖项，并给予一定的奖励。

（3）训练与竞赛方面

学校要鼓励高水平的教练员专注于训练和竞赛，并合理计算训练和竞赛的工作量，以竞赛成绩为依据参加职称评定，获得奖励。

（4）社会服务方面

学校应鼓励体育教师参加社会体育指导活动，参加各项比赛的裁判工作，计算工作量，使其尽可能地获得政府或社会奖励的相应待遇。

（5）行政管理方面

学校要建立行政管理的岗位职责制度，按照岗位的重要性和工作量的大小划分岗位，并且聘任具有能力的体育教师为管理人员，建立与岗位相对应的薪酬制度和晋升制度，促进体育教师尽职尽责，不断提高管理水平。

3. 建立科学化的职称评定制度

为了更好地促进体育教师的专业化发展，学校还应依据国家和学校人事管理的相关规定，制定符合体育学院（系、部）的职称评定制度，充分考虑教学、科研和训练竞赛人员的差异性，形成多元的评定方法。评定内容主要包括以下方面：

第一，工作量，将公共体育课教学、专业体育课教学、科研工作、训练和竞赛工作统一转化为标准课时数计算工作量。

第二，工作质量，主要是检查评估的结果和工作获奖的情况，并将其转化为相应的分数。

第三，教研情况、科研水平和竞赛成绩，教学、科研和竞赛统一转化为标准分数进行计算，主要内容包括教研和科研立项、课题鉴定、成果获奖、论文发表情况，带队参加比赛获奖情况。

第四，民意测评，体育院（系、部）领导、部门领导、专家和同事对其思想状况、工作作风、团队精神、业务水平等进行评价。

第四节　大学体育教学管理的发展

进入新时代，随着人们对体育的重视度越来越高，体育教育的发展发生了较大的变化，相应地，体育教育管理也有新的发展。大学体育教学不仅拥有更加专业的体育教师进行科学指导，并且教学项目更加多样，能让学生更容易地参与到与其相适应的体育锻炼中去。[①]从当前的体育教育管理的发展来看，以下方面值得深入探索：

一、树立"以人为本"的体育管理理念

近年来，随着"以人为本"教育理念在教育领域内的深入，教育管理理念也发生了较大的变化。作为学校体育管理和发展的基础，体育管理理念中也包括了"以人为本"。树立"以人为本"体育管理理念，需要管理者重视以下方面：

第一，管理者必须认识到，学生是学校的主体，而教师是培养学生的主体。所以，既要充分调动体育教师的积极性，又要关注学生的需求和体验，让他们的主体作用得到充分发挥。

第二，管理者应注意帮助教师和学生建立新型的师生关系，改变以往体育教学中以教师为中心的模式。学生在动作技术学习中具有主动性和创造性，所以，体育教师要作为指导者努力启发、引导学生，与学生一起探讨体育教学内容，帮助学生掌握相关的运动知识和技术。

第三，管理者在体育教育管理的各项内容中都要充分考虑人的特点与需求，不管是场地设施的管理还是经费的管理等，都要与人的发展与需求相符合。

第四，全体管理者要在明确体育教育管理整体目标和分工职责的基础上，发挥个人的最大潜力，以最为饱满的精神积极主动地完成自己分内的工作。

第五，领导者要充分了解下属管理者的能力、性格、专长、兴趣爱好等，在工作安排上应全面综合考虑，使人得其事，事得其人。

[①] 裴明阳.我国大学体育教学管理的发展与阻碍[J].黑河学院学报，2017，8（9）；106.

二、体育教育管理的制度化、法制化

学校各项体育规章管理制度是体育教育管理实施的重要保障。近年来，我国也出台了一系列有关学校体育工作的法规，包括《学校体育工作条例》《体育与健康标准》《国家学生体质健康标准》《全国普通高等学校体育课程教学指导纲要》等，通过体育教育管理的制度化、法制化，实现体育教育管理的科学化。然而，从当前的学校体育教育管理来看，在应试教育的影响下，体育规章管理制度的执行结果并不是很理想。

实现体育教育管理制度化、法制化，就应当加强已有体育管理规章制度的落实。具体来说，学校可成立专门的体育工作的组织与领导机构，有意识地去宣传、指导、监督现行各项学校体育工作法规、制度的遵守，坚决杜绝有法不依的现象。此外，还要不断完善体育管理的各种规范性文件，从而使它们更好地服务于学校全体人员，保护在组织开展相关体育活动过程中所有人员的各项权益。

三、体育教学管理中的有效控制

控制理论是研究如何在整个系统环境内对各个对象的变化状态进行控制。简单来说，就是如何通过最少的信息，来获得最好的调节效果，达到控制目的。学校体育教学具有多元要素性、系统性、层次性的特点。这种特点使得教学管理者要经常对教学系统、组成教学系统的元素等进行合理的调整，以便使它们适应整个教学系统的要求，最终提高教学质量。体育教学系统是可控的，适用控制理论。学校体育工作管理者一定要注意创新教学模式，灵活掌握教学信息和反馈理论，将控制理论积极地运用在教学管理实践中，以便有效控制体育教学，促进体育教学效果的提升。

四、加强目标管理，落实岗位责任制

目标管理就是指朝着完成总目标的方向，让组织所有员工的努力都集中在此目标之上。它由"目标是什么""达到何种程度""如何达到""何时达到""是否很好地完成了"五个基本要素组成。目标管理旨在使学校体育教育管理的总目标与师生员工的个人目标、学校意愿与师生员工个人意愿紧密地联系在一起，通过师生员工个人目标、个人愿望的达成来实现总的目标。因此，在体育教育管理过程中，学校体育主管部门要根据学校体育工作任务和目标，采取有效措施，由上而下，制定切实可行的工作目标。

参考文献

[1] 曹卫东.新时代中国体育教育改革创新研究 [J].体育文化导刊,2019（2）:
4-8.

[2] 陈栋,侯子章,周利明.终身体育视域下高校体育教学改革实施路径探讨 [J].
中国多媒体与网络教学学报（中旬刊）,2021（1）:102-104.

[3] 段志勇,刘家党.论以终身体育为目标的大学体育教学改革 [J].散文百家（新
语文活页）,2017（11）:169.

[4] 范汝清,马琳,袁玉涛.体育教学评价体系的构建 [J].教学与管理,2011
（18）:65-66.

[5] 冯其明.慕课背景下大学体育翻转课堂模式教学策略研究 [J].辽宁体育科技,
2021,43（5）:99-103.

[6] 胡悦,侯会生.基于翻转课堂的大学体育教学改革研究 [J].体育文化导刊,
2019（7）:76-80.

[7] 江玲玲.浅议高校体育教学评价的现状及改进方法 [J].体育世界（学术版）,
2009（7）:80-81.

[8] 李爱臣.浅析我国高校体育教学模式 [J].当代体育科技,2015,5（3）:
98,100.

[9] 李翎.高校体育教学内容资源的开发研究 [J].教育与职业,2009（21）:
190.

[10] 李振东.翻转课堂在大学体育教学中的应用研究 [J].赤峰学院学报（自然
科学版）,2022,38（3）:58-61.

[11] 刘波,黄璐,王松.新时代大学体育的时代使命、维度生成与发展路径 [J].
北京体育大学学报,2022,45（7）:8-18.

[12] 刘元国,温建军,许传洲.我国大学体育教育中的文化缺失、归因与重构
[J].现代教育管理,2014（7）:84-88.

[13] 陆卫良.终身体育思想下的大学体育教学改革分析 [J].当代体育科技，2020，10（25）：73-75.

[14] 孟晓东.我国大学体育在终身体育思想视角下的教学改革 [J].当代体育科技，2016，6（36）：141，143.

[15] 宁昌峰.现代体育教育训练的理论发展与创新研究 [M].北京：煤炭工业出版社，2018.

[16] 裴明阳.我国大学体育教学管理的发展与阻碍 [J].黑河学院学报，2017，8（9）；106-107.

[17] 乔铭，李晓汝.大学体育教育与学生心理健康教育的研究 [J].福建茶叶，2020，42（4）：29.

[18] 施小花.当代高校体育教育理论与发展探究 [M].长春：吉林人民出版社，2021.

[19] 史宽.翻转课堂教学模式在大学体育教学中的作用效果 [J].当代体育科技，2021，11（31）：68-70.

[20] 受中秋，王双，黄荣宝.高校体育教育发展与改革探究 [M].长春：吉林大学出版社，2018.

[21] 孙文平.身体素养和体育与健康学科核心素养的关系解读 [J].体育研究与教育，2022，37（6）：57-61.

[22] 王冬梅.高校体育教育创新发展研究 [M].长春：吉林人民出版社，2021.

[23] 王媛.大学体育教育人文关怀研究 [J].中国成人教育，2015（9）：145-147.

[24] 肖爽，邱烈峰.大学生体育与健康学科核心素养调查研究 [J].四川体育科学，2021，40（6）：100-104.

[25] 杨汉春.主动性体育教学模式的实验研究 [J].体育世界（学术版），2009（03）：102-104.

[26] 袁靖翔，郭立亚，袁革.新时代大学体育课程模式改革的新思考 [J].社会科学家，2021（11）：156-160.

[27] 张继贵.我国高校体育教学管理的困境及解决措施 [J].黑龙江工业学院学报（综合版），2022，22（9）：148-152.

[28] 张树勇.浅谈大学体育教学内容适应性发展的思考 [J].湖北开放职业学院学报，2019，32（18）：149.

[29] 张向群，薛留成，杨亚红.应用型大学体育教育课程设置思考 [J].体育文

化导刊，2009（12）：95-97.

[30] 张志勇，魏丕勇，孟晓平．体育教师教育的历史审视与共同体构建的新时代选择 [J].北京体育大学学报，2019，42（12）：1-10.

[31] 张仲．以人为本理念下大学体育教学策略探析 [J].科技展望，2015，25（24）：192.

[32] 钟秉枢，张建会，李海滨，等．新时代我国大学生体育竞赛体系的改革与创新 [J].北京体育大学学报，2022，45（7）：19-32.

[33] 庄巍，樊莲香，汤海燕，等．新时代大学公共体育在线教学建设研究 [J].体育学刊，2021，28（5）：83-88.